샤갈의 피안 없는 시간

양희진 시집
샤갈의 피안없는 시간

인 쇄 2020년 10월 26일
발 행 2020년 10월 30일

지은이 양희진
발행인 서정환
펴낸곳 인간과문학사
주 소 서울특별시 종로구 삼일대로 32길 36 305호(익선동, 운현신화타워빌딩)
전 화 02)3675-3885, 063)275-4000
이메일 human3885@naver.com, inmun2013@hanmail.net
출판등록 제300-2013-10호

ISBN 979-11-6084-134-3(03810)
값 10,000원

* 저자와 협의하여 인지는 생략합니다.
* 잘못된 책은 바꿔 드립니다.

이 도서의 국립중앙도서관 출판예정도서목록(CIP)은 서지정보유통지원시스템 홈페이지(http://seoji.nl.go.kr)와 국가자료종합목록구축시스템(http://kolis-net.nl.go.kr)에서 이용하실 수 있습니다. (CIP제어번호: 2020044411)

샤갈의 피안 없는 시간

양희진 시집

인간과문학사

시인의 말

아직도 무언가 잃어버린 것 같아
한밤중 문득, 잠을 깨고

무엇을 찾는지 허둥대다가
날이 새기도 하고

먼 곳에, 또는 내 곁에 있을
당신과 오랫동안 손을 잡고 싶습니다

당신의 어떤 기억들을 불러내어
가을이야, 말을 걸어도 좋겠습니다

2020년 10월 양희진

· 차
례
·

시인의 말 ... 005

제1부

다산에게 묻다

샤갈의 피안 없는 시간 ... 012

다산에게 묻다 ... 014

4월의 편지 ... 015

6월의 숲 ... 016

그해 10월, ... 018

11월엔 ... 019

12월의 첫날 ... 020

겨울이 다시, ... 021

그 목소리 ... 022

나는 산이 좋아 ... 023

달빛이 희롱하네 ... 024

달빛 애월 ... 026

만추, 나는 그곳에 서 있었다 ... 028

밤의 소리 ... 030

산중에 가을 비가悲歌 ... 032

밤 8시 공원엔 아무도 없었다 ... 034

제2부

비눗방울

비눗방울 ... 038
사라지는 것은 시간이 아니다 ... 040
생각이 난다 ... 042
속도 모르면서 알은체를 했다 ... 043
애월에서 ... 044
여전히 두근거렸다 ... 046
중천中天 ... 048
춘천은 가을이다 ... 049
텅 빈 공원 ... 050
고추잠자리 ... 051
연애의 힘 ... 052
유쾌한 그녀 ... 053
장례미사 ... 054

제3부 양평, 세월리 고개 너머

양평, 세월리 고개 너머 ... 058

바보 엄마 ... 059

저녁 쌀 씻는 소리 ... 060

당신을 떠난 지 몇 해가 되었습니다 ... 061

보리 굴비 ... 062

하도리 철새 ... 064

사랑하는 딸에게 ... 066

가을이 먼저 와 있었다 ... 068

그대에게 물었네 ... 070

그랬으면 좋겠다 ... 072

길 위에서 봄비를 만나다 ... 074

블루마운틴 ... 076

사랑 ... 077

수종사에서 ... 078

아직, ... 080

안녕, ... 082

큰엄마 ... 083

큰 바위 얼굴 ... 084

환갑 ... 086

망고의 첫 생일 ... 087

키사스 키사스 키사스 ... 088

단양 두향이 ... 090

빗소리 대신 새소리가 들리네 ... 092

푸른 고래 ... 094

가영이 시집가는 날 ... 096

제4부 그럴 때는

그럴 때는, ... 100
그리하여 어느 날, ... 102
긴 터널 ... 104
나의 절망을, ... 106
달빛이 내 마음을, ... 108
세상의 끝, 타스마니아 ... 110
늙어도 슬픈 그대에게 ... 112
이따금 ... 114
작은 위로 ... 116
프레디에게 ... 118
하얀 커튼 ... 120
아버지의 눈물 ... 122
섬진강이 내 안에 ... 124
어느 늦은 겨울 짧은 밤, ... 125
흐린 공원에 저 혼자 ... 126
팥죽 ... 127

양희진의 시 세계
역동적 영상으로의 이미지와 시 영역 확장
유한근(문학평론가) ... 130

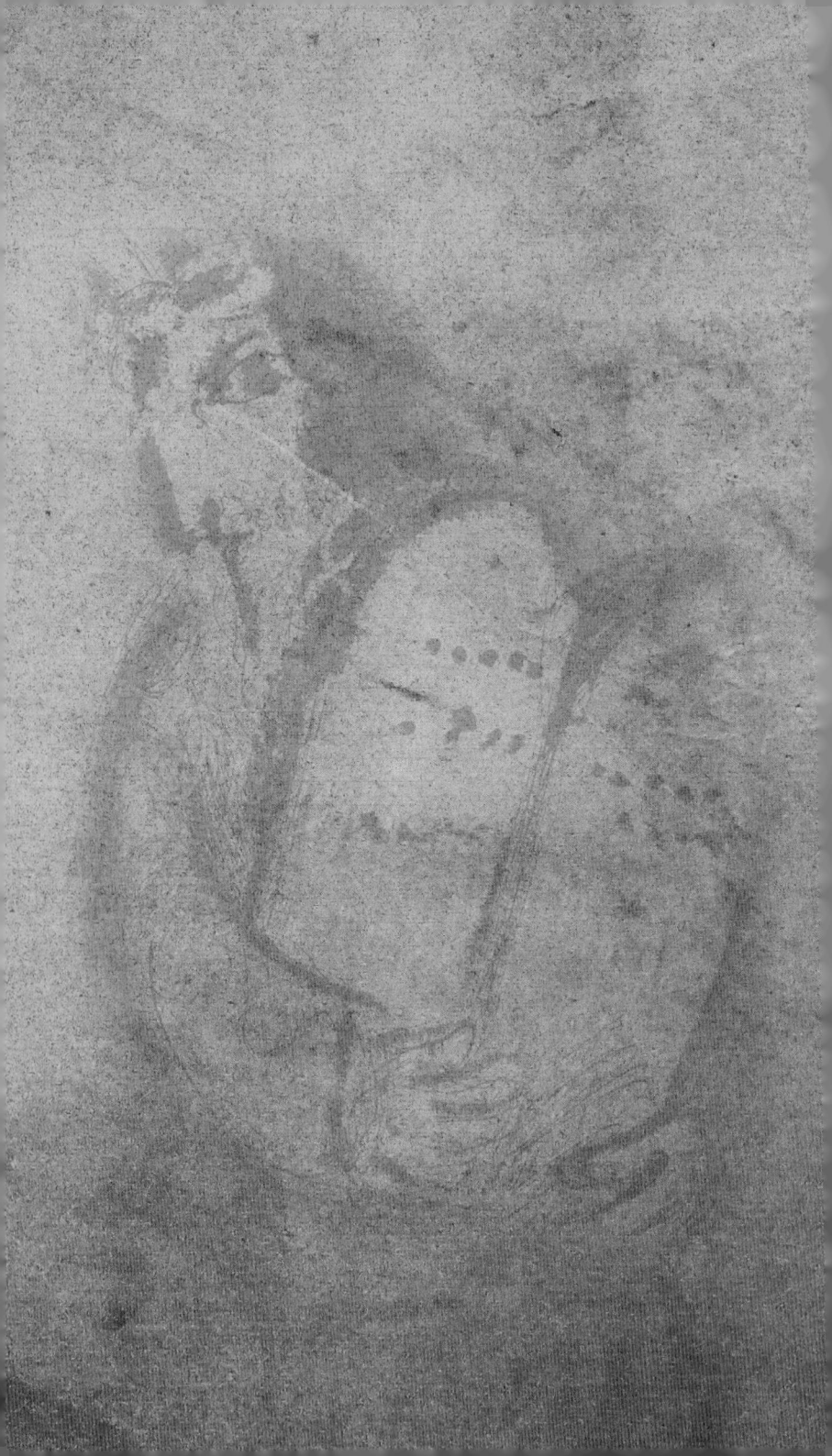

제1부

다산에게 묻다

샤갈의 피안 없는 시간
다산에게 묻다
4월의 편지
6월의 숲
그해 10월,
11월엔
12월의 첫날
겨울이 다시,
그 목소리
나는 산이 좋아
달빛이 희롱하네
달빛 애월
만추, 나는 그곳에 서 있었다
밤의 소리
산중에 가을 비가悲歌
밤 8시 공원엔 아무도 없었다

샤갈의 피안 없는 시간

커다란 추시계는 피 칠이 된 날개와 추락하는 중이다

사람의 눈을 한 커다란 청어에 달린 날개에서 핏물이 떨어진다
청어의 아가미에서 쑥 내민 손은 끊어질 듯 바이올린을 켜고
날아도 날아도 앉을 곳이 없는 청어는 그저,
체념한 눈으로 세상을 내려다본다

결국, 비극은 이렇게 오고야 마는 것
전장에서 참패하고 돌아온 병사는,
아직 사랑을 꿈꾸지만
기다란 추시계는 시간을 몽땅 내동댕이치고 있다
비뚤어진 시간은 갈 데가 없다
사람의 눈을 한 청어, 무언가 말하려는 듯
끊어질 듯 바이올린을 켜고
일그러진 강물 속에서
건너편 집들은 형체도 없이 흔들린다

사랑은 마침내, 불길한 것
우리에게 피안은 없다

다산에게 묻다

한밤중에 잠 깨어
다산에게 물어본다

18년 귀양살이 원망과 한탄
웅숭깊은 풍경 속에 어찌 살았을꼬

천하를 알고 싶어 하던 기백 간 데 없고
그물에 걸린 물고기 신세

초야에 은거하여 길이 남을 업적 이루었으니
참으로 큰 스승이었다

예나 지금이나 당파싸움 여전하고
찾아갈 어른 없어

한밤중에 잠 깨어
무심한 저 달에게 물어본다

4월의 편지

4월이 나무 끝에서 흔들립니다
작년에도 그랬겠지요
매번 흔들렸을 텐데도
4월은 한결같이 초록입니다
나와는 반대인가요
한결같지 않음으로 매번
혼나곤 했던 기억이
푸르스름한 저녁 속으로 걸어갑니다
밤과 낮의 꿈은 언제나
균형이 맞지 않습니다
밤에 걸을 때도
혹은 낮에,
난 언제나 가볍습니다
언제쯤 혼나지 않을 날이 올런지요

초록이 연하게 물가로 모이는 저녁
여전히 호통치는 소리가 듣고 싶다고
문득, 당신에게 말을 겁니다

6월의 숲

너는 애초에 뜨겁진 않았지
너를 만나러 가는 날
신부처럼 공을 들였어
장미는 붉고 탐스러웠지
가질 수 없는 열망은 금세 그늘이 져
너는 과하다고 했지만
나에게로 올 때 너도 그랬으면 좋겠어
아주 많이 해밝은 웃음을 물고
사람들이 눈치채지 못하게

어느 한 날 한 번쯤은
나에게 와줘 그렇게 산수국처럼 활짝
내가 손짓하기 전에
내가 고백하기 전에 먼저
그러면 그늘이 져도 덜 외로울 거야
가끔 그렇게 과한 사람을 만나면
그냥 말없이 안아줘
울고 싶은 거니까

그늘 속에 숨기 전에
영영 가 버리기 전에
숲으로 들어간 열망은 더 이상 뜨겁지 않아
슬프게도

그해 10월,

초승달이었지,
물속에 빠져 차마 건져낼 수 없는 건
무엇이었을까
무섭기도 했어 발밑은 뜨거운데
너무 맑아서 내 속이 다 보였거든
대나무 울타리가 쳐진 비밀스런 탕
얼핏 무엇이 보였던가 아직 늙지 않은 내 기억 속에서
아직도 저 깊은 곳
부글부글 욕망이 끓어대고
대나무 이파리가 간간이 부스러진 정염을 건져내던
그
뜨거웠던 큐슈
그해 10월,

11월엔

11월은 모든 것이 떨어진다
바람이 떨어져
노란 잎들이 우수수
휩쓸리면서 간다
모든 쇠잔한 것들은
휩쓸리면서 운다
언젠가 그대가 주고 간 노란 금잔화는
내 손에서 아직 웃고 있는데

11월엔 지는 해도 쓸쓸하다
그대여
11월엔 서글퍼하지 말자
어제,
한 사내가 갔다
뚜벅뚜벅
늦가을 속으로 들어간 사내는
가는 듯
돌아오지 않을까

12월의 첫날

　점 하나 찍는다 한 장을 넘기면 또 다른 길의 시작. 그 밤에는 그녀를 보내야 할 일이다 새로운 그녀에게 미안하지 않도록 보내는 그녀가 서운하지 않도록 비단옷을 입혀 보내야 할 일이다 밤새워 천을 고르고 실을 잣는 일을 해야 할 일이다 그 밤은 가고 오는 길 누군가를 보내고 맞이하는 기차역 밤새 눈이 수북이 쌓이고 누군가는 눈물을 훔치고 가끔은 기적이 일어나기도 한다 빈 나뭇가지에 매달린 감이 위태롭기도 하고 달콤한 꿈을 꾸다 들킨 것처럼 어쩔하기도 하고 이룰 수 없는 꿈을 꾸다 울기도 한다 놓치면 안 된다 떠나는 그녀를 힘껏 붙들어야 할 일이다 12월에는,

겨울이 다시,

그가 돌아왔다
초록물 뚝뚝 손가락을 털어내며
시월에 어울리지 않는 11월의 얼굴을 하고
담담하게, 웃었다
그 맑고 쾌청한 웃음이라니
깊은 산속 무릎까지 쌓인 눈을 털어내며
그가 돌아왔다
긴 옷자락 끝에 쿰쿰한 시간의 주름을 끌고
오래되고 낡은 코트에서 나는
마초의 냄새를 풍기며
그가 돌아왔다
언제나 시작의 운명처럼
때로는 끝의 운명처럼
혹은, 쨍하게 춤추는 칼날처럼

그가 돌아왔다

그 목소리

청자빛 물감은
내게 물빛 그리움을 풀어놓고
돌연, 꽃으로 피어
나를 웃게 하고
가을을 사랑했다 나는,

푸른 잎사귀는
다하지 않은 열망으로
붉게 물들어 어리석은 나를
부끄럽게 하고 나는,
아무 속절도 없이

나는 산이 좋아

까마중 같은 새까만 밤하늘에
쏟아지는 별들을 주워 담으며

물푸레나무 다정히 바라보고
살구나무 괜찮다 안아주는

한 세상도 훌쩍
이승을 넘는 것을

나는 산이 좋아
산중에 살려네

달빛이 희롱하네

스며들고 있었네
폭신한 목화솜 속에
간신히 내민 반쪽 얼굴
웃고 있는데 슬퍼 보였네

스며들고 있었네
당신이 없는 일상
간신히 붙잡아놓은 연민으로
무심하게 널부려놓은, 쓸쓸함

스며들고 있었네
산다는 건 알 수 없는채 살아가는 것
그저 비 맞고 바람 맞는 것
당신을 텅 빈 눈으로 바라보는 것

스며들고 있었네
호수에 내린 희뿌연 달빛과
희롱하는 구름 속으로

내 나이는 이제 희미하네

하염없이 흘러가는 새털구름 속
희롱하는 달빛

달빛 애월

이별을 말하기엔
햇볕이 너무 순해
습기가 없는 하늘엔 그늘이 없지
적당하지 않아

너는 절벽 위에 달
푸른 바다에 떠오르는 슬픔
잡을 수 없어
처연한 대로

이별을 말하기엔
노을이 너무 도도해
바다에 퍼지는 붉은 애월
하늘에 쏟아지는 달빛 푸른

서슬 푸른 연민 앞에서
이별은
적당하지 않지

절벽 위로 넘어가는 달
치밀유방을 달고
꼭 다문 바다가
수북한 안간힘으로 길을 묻는 밤

만추, 나는 그곳에 서 있었다

네가 없는 풍경에
내가 익숙해져 갈 무렵
나는 그곳에 서 있었다
몇 번 마주쳤던가
이젠 기억도 희미해질 무렵
낙엽들이 남김없이 덮어버렸다 샛노랗게
노란 잎은 싹을 틔울 수 없지
붉은 체념만 쌓일 뿐
기억은 하얗게 살아났다
적어도 그가 나타나기 전까진
반짝 비치는 햇살에
갑자기,
나타난 고양이
호수 건너편 샛노란 언덕 위를
느릿느릿 걷고 있다
무슨 말을 하려던 걸까
아,
나는

샛노란 낙엽만큼도
어 림 없 다

밤의 소리

누군가 부르는 소리 있어
슬며시 잠이 깬 새벽
등불이 걸린 듯 창가가 환하다
무슨 말을 하려고 이리 내려왔을까
그대는 멈칫멈칫 웃기만 할 뿐
잠을 깨워놓고 그저 창가에 둥싯, 말이 없다
긴 장대에 걸린
하얀 꿈

누군가 부르는 소리 있어
살며시 눈을 뜬 새벽
새벽을 쓰는 그대의 비질 소리
반가워라
까만 밤을 건너와 나를 일으켜 세우는
그대
이슬을 밟고 온 차운 발소리로
못다 한 얘기를 한다
투정을 한다

아침이 오면 물안개처럼 사라지고 말
이별
아침이 오면 만날 수 없는 우리는
속절없이,
안부를 묻는다
아직 내 꿈을 밟지 않는 그대여

산중에 가을 비가 悲歌

산중 오르는 길
허리가 휠 듯 가파른 길에
색색의 은행잎 꽃단풍
비가 내리네
온 산 고운 볼처럼
홀려 시름을 잊고
물푸레나무는 말없이 다정하네
저 고개만 넘으면
그리운 사람
그리운 집
삼돌이는 집을 나가고 문득,
돌아오지 않네

내려오는 길
날은 저물어 온 산이 수척한데
비가 내리네
적막한 산중 나뭇잎에 투두둑
가을이 울고

숲속에 너를 두고 온 그날처럼
몸을 뒤척이네
겨울이 오면,
돌아올까
오지 않는 모든 것들은
하얗게 눈이 내리면,
돌아올까

밤 8시 공원엔 아무도 없었다

다 늦은 저녁때
나는 검은 장막을 한 손으로 걷어내며
잠시 먹먹해졌지
손가락에 걸리는 거미줄

한 손엔 가득 욕망을 움켜잡고
다른 한 손에선 차르르
오만했던 고독이 흘러내리는 저녁

오디빛 어둠이 내리기 전 웅크렸던 도발이
헛발질하는 밤 8시
나는 살금살금 공원에 가지
다행이야 아무도 없으니
오싹한 한기
나는 가끔 부끄러웠지만
기어이 초승달에 끌려 나오곤 하지
쏟아지는 달빛,
달빛을 먹으면 모든 죄가 정결해질까

문득 거미줄에 걸린 탄식이
날 조롱하고

너는 무엇을 말하는 거니
알아들을 수 없는 침묵은
아슴아슴,
눈물이 나네

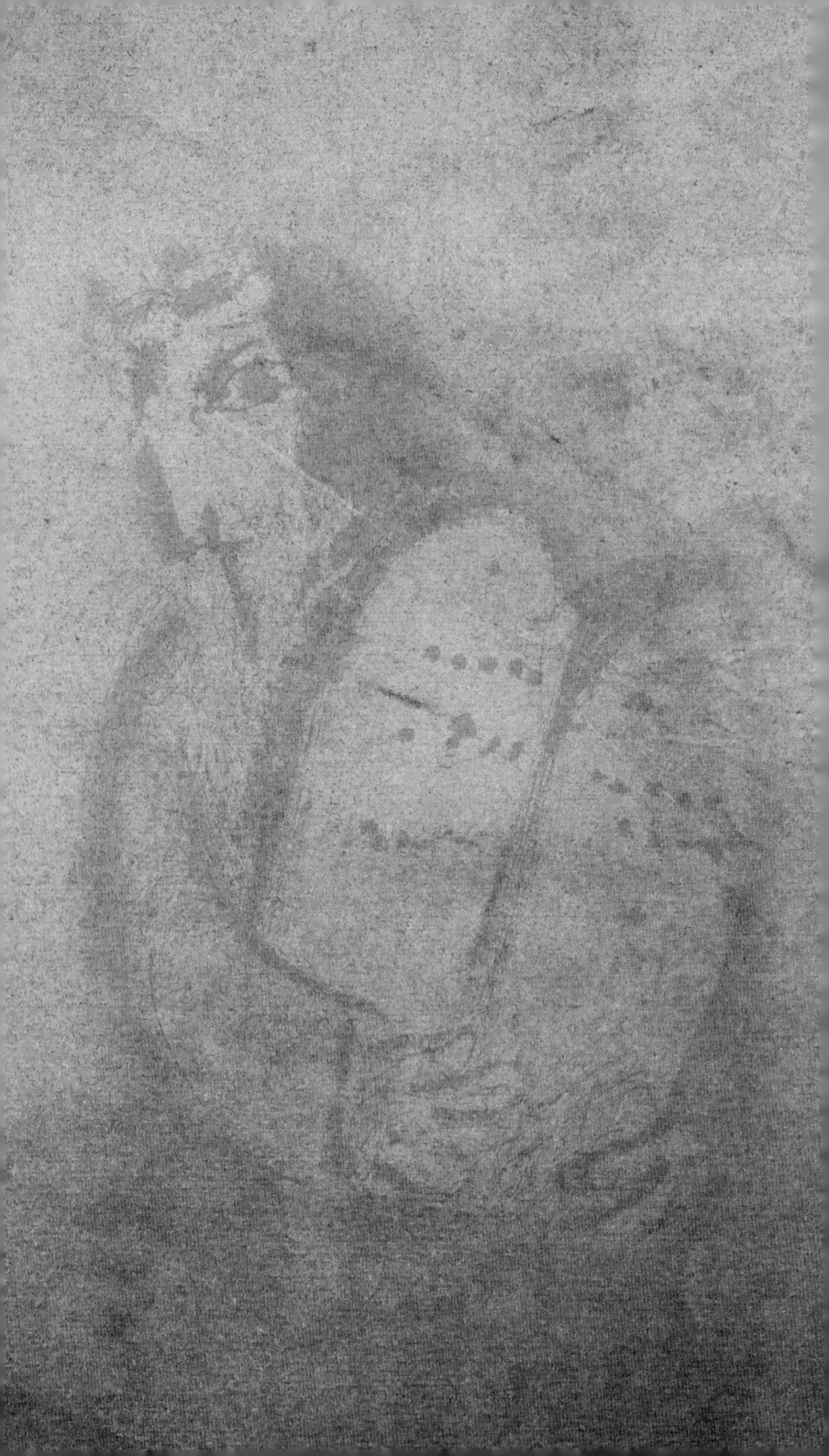

제 2 부

비눗방울

비눗방울
사라지는 것은 시간이 아니다
생각이 난다
속도 모르면서 알은체를 했다
애월에서
여전히 두근거렸다
중천中天
춘천은 가을이다
텅 빈 공원
고추잠자리
연애의 힘
유쾌한 그녀
장례미사

비눗방울
— 아름다운 그대에게

너는 비눗방울처럼 투명했지
내가 사는 세상과는 다른 사람이었어
너와 마주치는 게 언제나 부끄러웠지만
언제나 너를 보고 싶었어
내 까만 손등에 내 맘을 감추었는데
너는 알고 있었을까
어쩌면 내 기억 속의 정동에서는
언젠가는 날아가 버릴 것 같은
내 기억 속의 바다
내 잠 속의 기차역
내 어린 날들의 철길이
입으로 후후 불면 다 날아갈 것만 같은
비눗방울이었을까
아주 오랜 세월을 지나도 꺼지지 않는
비눗방울이었을까
어느 봄날
입술이 붉도록 훑았던 그 아리고도 달콤했던
진달래꽃을 꺾어 까만 손등을 감추던

그 부끄러운 날들도
어쩌면 다
비눗방울이었을까

사라지는 것은 시간이 아니다

그 사내를 보았다
명절이면 서울역 대합실에서
혼자 차를 마시는 남자를

그저 무심히 낡아가는 세월을
천연天然히 부는 바람과
그리 쉽게 지는 꽃들을
적멸寂滅을 응시하는 남자를
그 구부러진 등을, 보았다
혼자 있는 모든 것은
쓸쓸한 일이다
산이 울고 있다는 것을 알아버린
새까만 눈망울의 소년

오늘도 바람은 무심히 불고
꽃은 그리도 쉽게 지는 것을
그 쓸쓸한, 불꽃을
아직도 품고 있는 그 사내를

보았다

봄은 잠시 머물다 가는 것
사라지는 것은 시간이 아니다

생각이 난다

  이렇게 뜨겁진 않았다 이토록 잠을 설치치도 않았다 그때는, 밤이 오면 못된 성질도 말랑말랑 바람이 불기도 했다 그래서 용서할 수가 있었다 포악을 떨던 낮이 지나면 어김없이 구순해진 밤이 기다렸으니 슬쩍 다리를 걸쳐도 못 이기는 척 봐주기도 했었다 생각이 난다 그때는, 밤하늘의 별들도 다정했으니 손만 내밀면 잡을 수도 있는 날들이 내게도 있었다 어디서부터 잘못된 거지 무엇이 떠다미는 걸까 사람들은 참지 못하고 아파트 난간 위로 몸을 날린다 휘 리 릭 떨어지는 정의 신념 진실 따위들, 쓰레기더미 위로 떨어진다 추락은 살아생전엔 견디기 어려운 것 추락하고 나서야 용서를 받는다 생각이 난다 너무 뜨거워서였을 꺼라고 살아남은 자들이 버석하게 말라비틀어진 위로를 건넨다

속도 모르면서 알은체를 했다

 갑자기 찾아온 바람은 나를 당황스럽게 한다 어젯밤은 분명 폭염에 쓰러져 잠도 못 자고 오늘은 갑자기 살갗에 서늘한 바람이다 '하루아침'에 부자도 되고 거지가 되는 세상, 어제 알던 그 사람은 오늘은 그 사람이 아니다 어제까지만 해도 그 사람은, 낭패다 부끄럽다 문득 어제와 다른 푸른빛으로 아려오는 파아란 가을하늘에 흰 고래가 웃고 있다 알타미아 해변에서 그 사람도 웃고 있을까 이제 파도가 잠잠해졌다고 너무 높지도 너무 낮지도 않다고 오늘은, 그 사람에게 제라늄 한 다발과 폭풍이 휩쓸고 지나간, 지중해에서 건너온 선홍빛 노을이 담긴 짙은 커피 한 잔을 건네야겠다 나는 속도 모르면서 알은체를 했다

애월에서
— 재이에게

사실은
떠나온 게 아닐 수도 있어
가슴속에 가득 파도를 물고
언제까지 가둘 수 있을까

사실은
내가 떠난 게 아니라
니가 날 떠나보낸 게 아닐까
흐릿한 장마 속에서

사실은
내가 보러간 건 아니야
니가 불렀을 뿐
너는 여전히 흐릿하지만
깨부시고 있더군

가둘 수 없는 파도는
언젠간 흘러넘쳐

넌 여전히 특유의 온도로 말을 하지만
더 이상 아프진 않아
거문오름처럼

여전히 두근거렸다

간밤에 마신 술이 잠잠해지자
산바람이 몸을 흔들흔들
산길을 오른다
이제 막 깨어난 계곡물이 수줍어하고
나무 사이로 비치는 해는 공손하다

동학사로 오르는 산길
계룡산의 신령스런 푸른 물빛에
홀려 발을 담그니
산그늘이 씻기고

물빛 위로 잠잠이 떠오르는 편린
낯이 익다
남매탑, 와 봤었다
오래전 분홍 꽃잎 같던 때
잠든 머리가 어깨에 누이던 봉숭아 꽃잎 같던

내 여린 날들이

동학사 산길을 오르고
굳은살로 단단해진 날들이
산길을 내려오고 있었다

중천 中天

우리는 각 일 병을 마시고
발을 담갔다
낮술은 취하지 않다 했던가
또 한 병을 마시고
발을 담갔다
차가운 발을 닦고 평상에 돌아앉아 또 한 병
조금씩 취해가는 저녁놀
발을 담그면 다시 아홉 살
햇볕이 기울어진 평상은
그리움이 한창이었지만
낮술은 취하지 않았고
아직 해는 중천에 떠 있고,

꺼이꺼이 또 한 병을 비워냈다

춘천은 가을이다

그대에게 가고 싶어
기차역으로 간다
고추잠자리 떼가 떠난 들판에는 가을걷이 노랗고
연분홍빛 여뀌가 마중을 나온다

그대에게 닿고 싶어
강으로 간다
강물은 여전히 수몰된 기억을 담고
바람만 이끼 낀 푸른 회억을 호명한다

그대가 보고 싶어
이디오피아에 배를 띄운다
먼 이국의 눈이 까만 처녀가, 알싸한 향을 건네고
의암댐에 갇힌 강물이 공연히 소란해진다

벌개미취에 취한 강물이 보랏빛으로 몸을 떠는,
춘천은 가을이다

텅 빈 공원

가을비는 소리 없다 누군가는
가고 있을 테지
누군가는, 울고 있을 테지
젖은 벤치 위에 노란 은행잎
차라리 땅에 떨어지고 말지
사랑은 바라보는 것
이제 너를 보지 않기로 한다
노란 쓴 물
때도 없이 속이 아려오고
숲으로 들어간 가을비는 나올 줄 모른다
노란 낙엽들이 발등을 덮어
길을 잃고 나는 하염없다
이젠,

사랑이 없다

고추잠자리

 빨리와 니가 와야 가을이 따라온다며 금방 숨이 넘어 갈 거 같아 그전에 와, 내가 꼴딱 숨 넘어가기 전에 너를 완전히 포기하기 전에 그전에, 어느새 하늘이 새파래지고 구름이 한가롭게 풀을 뜯을 때 그때 와 이제 기다림은 없어 더 이상 용서는 없어 뻘건 용광로처럼 세상이 뜨거워져서 서로 뜯고 싸우기 전에 이해하려고도 안 하고 실컷 남의 탓만 하다가 주저앉아버리기 전에, 왜 타협은 없는 거야 살아야 하잖아 왜 죽으려고만 왜, 세상이 점점 뜨거워만질까 그 전에 와 돌아와 줘 나는 시베리아 횡단열차를 타고 이르쿠츠크에 서서 바이칼 호수를 보려고 해, 빙하가 흐르는 새파란 물에 손을 적시면 너를 잊을 수도 있겠지 어쩌면, 잊히기도 하겠지

연애의 힘

중년의 사내
낙엽 한 장으로
구겨진 채
다 늦은 저녁
화사한 차림의 여인이
다가오자
배시시 일어나
손잡고 걸어간다
사내
푸른 청년의 등짝처럼 확 펴져서는
밤이 몰려오는 공원 밖으로 사라진다

벗어놓은 남루한 허물들이
일제히 기지개를 켠다

유쾌한 그녀

표정이 맑은 그녀
오늘따라 입꼬리가 하늘에 걸린다
기다리는 사람이 있는 걸까
그녀의 미소가 나무 끝에서 간질댄다

그녀의 머리카락은 자유롭다
머리카락처럼 단골손님이 늘어난다
유쾌한 그녀
찌푸렸던 마음들 훌훌 날려버린다

나이를 알 수 없는 그녀
흔들리지 않는 깊은 뿌리를 가진 걸까
그녀가 웃으면
마음이 먼저 와 의자에 앉는다

장례미사

젊은 신부님은
생전에 큰엄마 얘기를
담담하게 하다가 말을 잇지 못했다

밖에서 고기를 사주시며 당신은 안 드시고
연신 고기를 구워주시던
담엔 내가 사드려야지 했던
늘 까만 비니루에 김치며 먹을 것을 챙겨주시던
큰엄마를 참 정이 많으셨던
이 세상에 많은 사랑을 베풀고 가신 분이라며
말을 잇지 못했다

나는 젊은 신부님에게
평생 알지 못했던 큰엄마 얘기를 들었다
당신의 허전함을 자식과 이웃들에게 베풀려 무던히 애쓰던
그 고단함과 외로움을
짐작조차, 못했다

나는 성수를 세 번 뿌리며
천국에선 실컷 사랑받는 여인으로 사시기를
눈물을 꾹꾹 누르며
기도했다

제3부

양평, 세월리 고개 너머

양평, 세월리 고개 너머
바보 엄마
저녁 쌀 씻는 소리
당신을 떠난 지 몇 해가 되었습니다
보리 굴비
하도리 철새
사랑하는 딸에게
가을이 먼저 와 있었다
그대에게 물었네
그랬으면 좋겠다
길 위에서 봄비를 만나다
블루마운틴
사랑
수종사에서
아직,
안녕,
큰엄마 .
큰 바위 얼굴
환갑
망고의 첫 생일
키사스 키사스 키사스
단양 두향이
빗소리 대신 새소리가 들리네
푸른 고래
가영이 시집가는 날

양평, 세월리 고개 너머
— 어머니 1주기를 지나며

한겨울인데, 엄마
춥지 않겠지
아직 다 자라지 않은 사철나무 쑥쑥 키가 자라면
엄마 다람쥐 애기 다람쥐 모여들고
쑥덕쑥덕 춥지 않겠다고
일흔 중반 아직도 뽀얘서 슬픈 엄마의 등이
자꾸만 뒤돌아본다

당신의 유언은 무엇인가요

내 손을 잡고 한없이 이승의 강을 건너가던
밀랍같이 차가워지던 손이
자꾸만,
뒤돌아본다

바보 엄마

양지바른 산등성이 사철나무 하나
휘 둘러보니 제법 다 보인다
외롭진 않겠다
겨울에도 푸른 잎 있으니
쓸쓸하진 않겠다
더러 나물하러 오는 사람
더러는 산을 오르는 사람
아이들의 체험학습장이 생겼으니
까르르 넘어가는 아이들의 웃음소리 산을 오르고
어린 소나무 하나
그 옆에 키 작은 매화나무도 심는다
더는 외롭지 않겠지
더는 춥지 않겠지
아직 다 자라지 않은 사철나무
어깨가 시려
자꾸만 뒤돌아본다

엄마 없는 시간을 참 잘도 살아낸다 나는,
봐, 엄마가 손해잖아 바보 엄마

저녁 쌀 씻는 소리

새벽 눈을 뜨니
저녁 쌀 씻는 소리 들리네
간밤 꿈에 그리운 이는 오지 않고
쌀 씻는 소리만 들리네
잘 살고 있다고
괜찮다고
쌀이 밥알이 되는 찰진 소리
저녁 쌀 씻는 소리 들리네
저녁에 씻어놓은 쌀이 저녁이 되고
아침이 되네
그만하면 잘 살고 있는 거라고
자꾸 묻는 내게
저녁 쌀 씻는 소리, 들리네
뽀얀 쌀뜨물이
국이 되고 담을 넘어
저문 숲으로 들어가네

당신을 떠난 지 몇 해가 되었습니다

겨울이 가더니 봄이 왔습니다
같이 걷던 그 강변에도 봄이 왔습니다
봄바람 살랑이면 강변에서 쑥을 뜯어
쑥버무리 만들어 주던 때가 엊그제 같아
입에서 침이 고이는데
쑥은 뜯어 놓고 그 맛이 안 나
엄마가 만들어주던 쑥버무리
먹지 못하고
또 봄이 지나고 있습니다

보리 굴비

한 마리만 더 주라
살이 통통히 오른 굴비 앞에서
벌이는 실랑이
열 마리 중 다섯 마리씩
나누면 제법 생색인데
엄마는 늘 한 마리 더
달라 보챈다
굴비 좋아하는 엄마
나는 짐짓 샐쭉한 척 한 마리 더 담고
해마다 추석이면
웃음을 문 실랑이 익숙한 풍경인데
올해는
굴비 열 마리가
그대로 남아 있었다
해마다 추석이면
솔잎을 깔아 겉보리 항아리에 차곡차곡
놀러 나온 바람과 마실 나온 가을볕으로
보리 굴비 제일로 맛있다던 엄마

굴비를 나누다 주저앉는다
산에는 굴비가 없어 술 한 잔

배고픈 우리 엄마

하도리 철새
— 내 동생 재영이

빗방울처럼 살았다
반평생을
그물에도 걸리지 않는 바람처럼

철새처럼 살았다
반평생을
산허리에도 걸리지 않는 구름처럼

비가 오면 비를 맞고
눈이 오면 한숨 쉬고

단지 오늘을 살아낼 뿐
하늘도 바다도 청정한 낯선 곳에서
애초에 머무는 법을 배우지 못한 하도리 철새로

나에게 세상은 그저 계절이 지나는 평상
그저 누워 하늘을 보리
푸른 하늘 이불 삼아 떨어지는 별을 보리

까무룩 간질대는 봄밤 초저녁 별로 떠서
그저 세상을 한숨 쉬리
그저 담배 연기 훅,
날리면
한 세상도 화양연화花楊年華인 것을

사랑하는 딸에게

눈부신 햇살 가득한 오늘
세상에서 가장 고운 꽃으로 피어난
5월의 신부가 된 딸아,
새까만 머리숱으로 태어난 갓난아기가
어느새 늠름한 신랑을 만나
푸른 향기 가득한 이곳에서
둘이 하나가 되었구나
둘이 함께,
새순처럼 푸른 잎으로 시작하는 딸아
사랑은 바라보는 것, 늘 지금 눈빛처럼
사랑을 가득 담아 바라보고
서로 아끼고 사랑하여라

때로 바람이 불고,
폭풍우 휘몰아치는 날이 오더라도
처음 만났을 때 떨림을 기억하여라
처음에 결이 같은 사람임을 알아보았듯
세상 끝날 때까지 더 닮은 모습으로

사랑하여라
사랑은 주기 전엔 사랑이 아니듯
둘이 하나가 되어
너의 집을 짓는구나
너의 집은 춥지 않고 따뜻하리라
너의 집은 항상 노래 소리가 들리리라
여기 타오르는 촛불로 백년가약을 맺은
사랑하는 내 딸아,
오늘 서로를 바라보는 이 눈빛처럼,
오래오래 사랑하여라
한 쌍의 원앙같이, 노래하는 종달새처럼
세상에서 가장 아름다운 집을 지으리라
가장 결이 고운 세상을 만들어 가리라

가을이 먼저 와 있었다

자동차 꽁무니를 따라온
서쪽 바람이 훅,
찬 공기를 밀어내면
들판에 넘실 노란 풍경
허수아비 어깨 넘어 양평에
가을이 온다

강상면 큰 집 툇마루에 앉아
감나무를 흠모하다
짝사랑은 이제 그만하자고
감이 한 알 툭,
떨어지고

산중으로 오르는 낭떠러지 길
자연인은
아슬아슬 외줄타기를 하고
산 아래 사람들은
비명을 지르지만

서너 번 튕겨졌다 제자리로 돌아오는 일은
얼마나 아슴아슴한 일인지
잔 나뭇가지들이 차창에 생채기를 내고
고갯길을 내려서니
거기
양자산을 휘 휘 감고 돌아
가을이 먼저 와 있었다

그대에게 물었네
— 태항산 계곡에 올라

끝이 어디냐고
눈을 떠도 눈을 감아도
태초에 그렇듯 다 산인데
언제 저 산을 내려가느냐고
올라올 땐 알지 못했네

그대에게 물었네
세상의 중심 중원에서
어디까지 밀려갔느냐고
그대는 옛 영화에 한숨짓고
나는 여기 중원에 서 있네

이백이 눈물짓던 대명호수는
그림같이 차고 푸른데
말을 타고 간 노인은 돌아오지 않네
친구여, 금잔에 술을 채우면 무엇하리
연꽃잎 띄워 차운 달빛을 마셔보게

그대에게 물었네
옛사람은 가고
나는 여기 서서
가는 길을 모르고
말을 타고 간 노인은 돌아오지 않네

황하에 빈 배 한 척 유유한데
나는 내려가는 길을 알지 못하네

그랬으면 좋겠다

소나무 사이로 강물이 떨어졌다
팔당대교 다리 위 햇살에 반짝
차들은 어딘가로 한없이 달려나가고
그 아침 나는 무엇을 던지고 싶어 강에 갔을까

죽은 나무 같은 우울과 깊은 피로
때때로 번쩍이는 사랑까지도
나는 빛나는 것들과
불량한 것들을 모두
강물에 던졌다
그동안 강물은 더 깊어졌을까

붉은 꽃잎 사이로 강물이 떨어진다
멀리 산 그림자 일렁이고
늦가을 하늘은 새파랗게 눈이 시리고
낮에 우는 벌레는 소리가 나지 않는다

너도 그랬으면 좋겠다

가슴에 돌멩이 하나 치미는 날엔
그저 강물에 꽃 한 송이 던졌으면 좋겠다
우리가 무엇이길래
이토록 편을 갈라 악에 치받히는가
홀로 울었던 밤을 기억하라
우주의 한 점으로 돌아갈 날도 얼마 남지 않았음을

너도 그랬으면 좋겠다
강물에 던지고 싶은 게
어디 꽃 한 송이뿐이겠는가

길 위에서 봄비를 만나다

아주 많이 기다려 본 사람은
사소한 기류에도 화를 내곤 하지
그 간절함이 덧없으므로
딱히 무언가를 하려고 했던 것은 아니었지만
그렇게 갑자기 와버리면,
그다음이 엉망이 되어버리지
질서정연한 일상들은
엎어져버리고
꽁꽁 감춰진 욕망들이
물공깃돌처럼 흩어져 길 위에서
나는 비를 맞고
너는 흩어지지
언제나 그랬던 것처럼
몹쓸 열망은 나를 지치게 하지만
슬퍼하지는 않을게
왜 꼭, 봄이어야
왜,
나는 묻고 싶지만 뻔한 답은 듣기 싫어

길 위에 검은 물소리
밤새 울고 나면 동터오는 새벽엔
맑은 물이 될까
흩어지지 않고 고여 있을까

너도

블루마운틴

마당 한가운데 키 큰 종려나무가 있었다
봄이면 의자를 끌어다 사진을 찍고
겨울이면 나무 꼭대기에 올라 꼬마전등을 매달고,
웃었다
눈이 포슬포슬 내리던 날
너는 눈처럼 깨끗하게 잠적을 해도 좋겠다고 말하고
나는 블루마운틴에 코를 박고 블랙향처럼,
웃었다
나는 블루마운틴, 날아갈 듯 소리를 내고 싶었지만
너는 카리브해를 건너온 먼 아라비카 여자처럼
웃었다
강 건너편에 눈이 날리고
마당 한가운데 기 큰 종려나무에서 새가 포르릉
봄수작을 하고 있었다

사랑

어느 봄날
낮은 담장길을 걷다
갑자기 나타난 분홍 꽃그늘
어느 한때
이리도 간절한 날이 있기도 했었는지
어느 한때
이리도 마음 다해 휘청일 때도 있었는지

잊어버렸다

그때 그 꽃그늘 속으로
문득 걸어 들어가
어느 한때
당신이 전부이기도 했을 그런 날
자고 나면 꽃잎 다 져버렸을 이리도 짧은
봄날을
어느 한때

수종사에서

7월 한낮
비구름이 고개를 넘어
운길산에 가는비가 내린다

구름과 비가 잠시 멈춰
눈이 마주친 그곳에
수종사가 있었다

한밤중 난데없는 종소리에 놀라 깬 왕은
깊은 동굴에서 떨어지는 물소리가
종소리 같다 하여 사랑하게 됐다지

그때 심어준 은행나무는
오백 년이 넘고 그 사랑은
유유히 한강을 휘감아 돌고 있다

초의선사가 다산을 찾아와
차를 마셨다는 삼정헌 다실에서

나는 스님이 건네주는 차를 분청 찻잔에
말없이 따라 마셨다

벌겋게 성을 내며 마음 흩뜨린 일들
퇴기함에 주루룩 흘려보내며 창밖을 보니

멀리 산 아래 두물머리에 가는비가 내린다

엎드려 자던 검은 삽살개 무념이
옅은 구름비에
설핏 기지개를 켜고

왕을 따라 나도 사랑하게 된
수종사에 가는비가 내린다

아직,

배롱나무엔 더 이상 새가 오지 않아요
슬프냐구요, 글쎄요
자꾸 먼 곳의 얘기가 궁금해지네요
하늘을 날아보면 어떨까요
날렵했던 옆구리는 자꾸 부풀어 오르고
호기심 가득했던 눈망울은 물기가 없네요
슬프냐구요, 글쎄요
반짝반짝 윤이 나던 친구는 암에 걸리고
조로롱 종알대던 친구는 말이 없어지고
나는 고아가 되고
누구는 허리가 꺾이고
누구는 무릎이 잘려나갔다는 뉴스가 나와요
슬프냐구요, 글쎄요
나는 더 이상
그 사람을 바라보지 않아요
자작나무숲의 기억이, 바람이 지나가던 시간들이
가슴에서 반짝이지 않나요
그러면 됐어요, 된거에요

가슴속에 아직,
별빛 하나 반짝이면 아직은,

슬프냐구요, 글쎄요

안녕,

노란 은행잎이 손가락을 벌리고
종종걸음으로 걸어와
내 손바닥에 입을 맞추더니
간다 가볍게 하롱하롱 너는
보랏빛 바랜 연민도 없다
바람이 오지 않을 때는 그렇게
고요하더니
느린 걸음으로 오는 고양이가 소리를 내면
기다렸다는 듯 일제히 함성을 지르며
간다 떨어지는 노랗고 붉은 이별
산 넘어 산을 건너온 가을이
이제 그만
내려놓자고 숨을 멈출 때
가끔, 나도
무릎걸음으로 걷는 연습을 하다 오고는 했다

큰엄마

스물두 살에 시집와 62년을 살았던
큰집은 이제,
빈집이 되었다

뒷곁에 가지런한 장독대들은
어쩐지 장맛을 잃었고
발갛게 익은 살구가 떨어져도
반갑게 허리를 굽힐 주인이 없다
흙계단을 서너 개 밟고 올라가면 반겨주던
백구는 밥을 먹지 않는다
주렁주렁 달린 오이들
꼬부라진 허리 필 새도 없이
안마당 뒷마당 바깥 저온창고로
양푼 가득 담아 주시던 그 사랑들
잃어버렸다
몰랐었다, 그 오이가 참깨가 다래들이
나를 지탱해준 힘이었음을

큰 바위 얼굴

우리 동네엔 명품 바위 하나 있지
바보온달과 평강공주가 살았다던 아차산
여러 갈래의 산길 중 대장간 마을을 오르는 길에
큰 바위 얼굴
태왕사신기를 촬영하다 어느 유명한 배우가
발견했다는 그 바위는
기골이 장대한 사내의 얼굴을 하고 있어
나는 산길을 오르다 대장간 마을로 내려오면서
처음 그 바위를 보았지
아차산 전투에서 이긴 장수의 얼굴일까
우리 고장 구리를 지키는 산신령 얼굴일까
세상을 잘 만났으면 아마도
높은 자리에서 호령쯤 했을 우리 아버지 같기도 해서
한참을 바라보았지
하루에도 몇 번씩 흔들리는 마음을
저 큰 바위처럼 잡아달라고
때로 바람이 불고 비가 올 때도 늘 한결같이
웃고 있는 큰 바위처럼

나도 흔들리지 않는
큰 사람이 되게 해달라고
아차산을 내려오면서
나는 자꾸만 뒤돌아보았지

환갑

 갑자기 들이닥친 비바람인 듯 허둥거린다 오늘이 무슨 날이던가 어제가 지났고 날이 밝고 밤이 오고 다시 새날이 뜨고 그러기를 육십 년, 한 갑자 지구 한 바퀴, 머리가 센 남자가 살아온 날들을 헤아린다. 누구는 다 살았다 하고 누구는 이제부터 시작이라고 하는데 내 생애 가장 뜨거웠던 때가 언제였는지, 세월이 산 그림자를 끌고 한숨 뒤로 사라진다.

 콧물 훔치며 들로 산으로 뛰어다니던 흙투성이 어린 시절 학교 앞에 살던 그때, 코흘리개 아이는 운동장에서 그네도 타고 시소도 타고 공도 차고 흙구덩이로 놀았다 '밥 먹어라' 젊은 엄마가 부르면 친구들과 헤어져 집으로 돌아갔던, 아무 걱정 없던 여덟 살쯤이던가 지구 한 바퀴를 돌아 뒤돌아보니, 그때가 생애 가장 행복했던 때가 아니었는지. 언제까지나 그렇게 살 줄 알던 소년의 머리에 하얗게 센 세월,

 지금부터가 인생이라는데 나이를 세어 무엇하리.

망고의 첫 생일

맑은 가을하늘처럼 불쑥 우리에게 온
선물 보따리가
벌써 한 살이 됐네
하늘은 높이 높이 푸르러 하얀 구름 솜사탕처럼
부드러운 아기 망고, 이젠 땅을 짚고
여기저기 세상 구경, 휘둥그레 신기해
까만 눈동자 가득, 호기심을 담고
이리저리 사랑을 펴나르네
여기저기 사랑의 씨앗을 뿌리네
아기 망고가 등불 하나를 켜니
세상이 환하게 밝아지네
축복이 비처럼 쏟아지네

키사스 키사스 키사스

사랑은 너를 보는 것
영원인 것처럼
벨라만을 사랑했던 샤갈처럼

수탉은 신랑 신부를 안고 에덴으로 올라가
온 마을 사람들이 축복하지
파리의 자유로운 햇빛은 부드럽고
부케를 받은 친구도 천사처럼 하늘로 올라가
염소는 바이올린을 켜고
나무 잎사귀들은 달콤하게 춤을 추지
키사스 키사스 키사스
이 세상에 어둠이란 없어
하얀 천으로 몽땅 검은 빛을 덮어버려
영 밤이 오지 않을 듯이,

언젠가 수탉이 늙어 하늘에서 내려오는 날에도
부디 사랑하기를
그 눈빛을 기억하고 바라보기를

해진 발을 감싸안고 울어주기를
그 언젠가
또 그 언제가 올지라도

* 샤갈의 그림 〈에펠탑의 신랑신부〉

단양 두향이

청풍명월 푸른 강물에 비가 내린다
신선이 내려온 듯 사부작 사부작
가을비는
서두르는 법 없이 옥순봉 구담봉을 적시고
금수산자락 신선봉을 굽이굽이 돌아
그 옛날 노닐던
열길 치마폭으로 잠긴 강선대를
물끄러미, 바라본다
열 달의 짧은 사랑이
수백 년을 거슬러
비가 되어 내린다

비가 내린다
물살을 가르며 푸른 물고기가
가는 빗소리에 놀라 뛰어오르는
그곳에 두향이 있다
비를 맞으며 다소곳 붉은
치맛자락으로 나를 바라본다

한 사람만을 사모했던 어찔한 마음이
한 사람을 향한 그 몹쓸 마음이
비가 되어 내린다
신선의 푸른 옷자락이 휘 휘 돌아
푸른 강물을 적시는 그곳에
두향이 절개가
고요히 머리 숙인다

빗소리 대신 새소리가 들리네

장맛비 요란하게 땅을 두들겨
여기저기 깡통 소리 들리더니
어라! 빗소리 대신 새소리가 들리네

어떻게 소리가 금방 바뀔까
세상은 백과사전에도 없는 일들이 참 많은가 봐
어라! 어디 있다가 이렇게 나왔니

땅강아지가 푸른 깻잎사귀 뒤로 숨네
깨벌레는 반갑다고 얼싸안고
어라! 소금쟁이는 부지런히 빗물 위를 걸어 다니네

비 오고 난 뒤 땅바닥이 몽글몽글 숨을 쉬더니
땅강아지 깨벌레 소금쟁이 무당벌레가
보고 싶었다고
자꾸만 여기저기서 모여들어
괜찮냐고 괜찮다고 등을 토닥이네

비 온 뒤 우리 집 마당은
벌레들의 수다로 수런거리네

푸른 고래

함덕 바다에 가면
푸른 고래를 볼 수 있다지

세상을 품은 아버지처럼
바다를 품은 푸른 고래가
아무리 달겨들어도 슬몃 웃으며
장난을 치는 푸른 고래

함덕 바다에 가면 볼 수 있다지
한 번 준 마음 끝까지 변치 않는다는 푸른 고래가

가장 깊은 바닷속에서 눈을 뜨고
세상을 고요히 바라보는 푸른 고래
함덕 바다에 가면 볼 수 있다지
가끔씩 엄마가 그리워 꺼이꺼이 울기도 한다는

푸른 고래가 함덕에 가면 볼 수 있다지
새끼에게 젖을 물리려 가끔은

몸을 뒤집는
푸른 고래가 함덕에 가면 볼 수 있다지

어쩌다 새끼가 숨을 못 쉬어도
배에 새끼를 올리고 떠다니는

푸른 고래를 함덕에 가면

가영이 시집가는 날

새파란 하늘에
둥실둥실 솜털구름
세상에서 가장 맑은 가을날에
가영이 시집가네
볼이 통통 순한 아기가
햇살 같은 왕자님을 만나
칠 년을 키우고 가꿔온 그 사랑
어여뻐라
한 번 먹은 마음 끝까지 지키는 마음결,
어여뻐라
속 썩이지 않던 속 깊은 아기가
시집을 가네
새하얀 드레스 면사포에, 살포시 깃든 사랑
어여뻐라

눈썹달이 보름달이 되고
달이 차고 이울 듯
사랑도 깊어져

아름다운 두 영혼 하나가 되었네
결이 고운 두 사람
선물 같은 가을날에 만나
축복이 되었네
사람들 모두 나와 기뻐하니
나뭇잎들은 춤을 추고
온 세상에 그 사랑 햇살 되어 반짝이네

달이 이울거든 그 너머를
바라보렴
사랑은 언제나 그 자리에 있으니,

제4부

그럴 때는

그럴 때는,
그리하여 어느 날,
긴 터널
나의 절망을,
달빛이 내 마음을,
세상의 끝, 타스마니아
늙어도 슬픈 그대에게
이따금
작은 위로
프레디에게
하얀 커튼
아버지의 눈물
섬진강이 내 안에
어느 늦은 겨울 짧은 밤,
흐린 공원에 저 혼자
팥죽

그럴 때는,
— 영화 《패터슨》을 보고

가끔은 시시할 때도 있어
사는 게 딱 맞아떨어지지는 않지
그 사람이 다른 곳을 볼 때처럼
그럴 때는 시를 써 봐

가끔은 지루할 때도 있어
너는 매일 다른 음식을 하고
다른 그림을 그리지
매일 다른 꿈을 꾸고 기타를 치기도 해
매일 다른 세상을 보여주지
그리고 이렇게 말해
"당신은 멋진 사람이야!"
인생은 가끔 벅찬 비밀을 갖고 있기도 하지
로라처럼
그럴 때는 시를 써 봐

가끔은 공백을 견뎌 봐
여백이 많은 사람은 힘이 있지

가만히 시간을 들여다보면 단단해져 미루나무처럼
허물어지지 않지
그럴 때는 시를 써 봐

그리하여 어느 날,
― 영화 《브로크백 마운틴》을 보고

파란 가을이었지
하늘에 양떼구름이 뭉실거렸어
산 아래서 처음 본 날은
낡은 청바지에 우울한 얼굴
그때는 알지 못했지
어쩌다 이렇게 됐을까
만년설로 뒤덮인 봉우리와
푸른 초원에 하얗게 몰려다니는 수천 마리 양 떼들
풀빛 새벽 여명에 노래하는 파랑새
강물처럼 흐르던 위스키
우리도 그저 자연이었을 뿐이라고
산 아래에서는 너를 볼 수 없었어
브로크백마운틴에서만 온전히
우리뿐이었지
그래서였을까 니가 그렇게 안달했던 건
이끼처럼 푸른 새벽에 한 점 빛으로 달려오던 너
어쩌다 이렇게 됐을까
나를 보는 너를 애써 외면했는데

밤하늘에 쏟아지던 태초의 신비 오로라빛
말을 타고 양 떼를 몰던 자유
타닥타닥 꺼지는 불빛 속에서 마시는 한 모금의 위스키
그 불빛 따라 추락하는 자동차
푸른 여명에 내게로 왔던 너는
산 아래 계곡으로 풍경처럼 떨어졌어
키사스, 키사스, 키사스
어쩌면, 내 삶도 그때 끝났음을
영원히 사랑할 것을
이제는,

맹세할게

긴 터널
— 설국을 그리며

가도 가도 눈이 내렸다
아사이카와의 긴 터널을 빠져나오니 다시 눈보라,
눈은 블라디보스톡까지 끝없이 끝없이 날리고 있었다

국경의 긴 터널을 빠져나와 코마코를 만나러
나는 끝없는 눈 속을 달리고 있었다

겨울 비에이는
가도 가도 눈이 내렸다
노란 담벼락의 뾰족한 지붕에서 닝구르들이
눈을 치우는 동안에도
파란 하늘과 그 사이
패치워크 자작나무 언덕에도
한 아름씩 눈을 업어 가지가 찢긴 소나무에도
눈은, 자꾸 자꾸 불어서
가만가만 소리 없이 쌓이고 그사이 밤이 도둑처럼 다가왔다

우리는 죠잔케이 지붕 위에서
뜨거운 물 속에 잠겨
떨어지는 별을 던지고, 달을 훔쳤다
삿포르의 달은
하얀 눈 속에 갇힌 아오이이케의 푸른빛으로
흔들 흔들 빛나고 있었다

그 푸른 빛 사이로
"모든 것이 헛수고"야 시마무라가 툭, 말을 던지고
코마코의 사랑은
닝구르 테라스 난간에서
눈송이처럼 흩어지고 있었다

나의 절망을,
— 영화 《안나 카레니나》를 보고

철길은 위험해
아차 하는 한순간에
눈 내리는 모스크바 기차역에서
오직 한 곳으로만 달리는 기차를
기차를 탔네
돌아오지 않는 기차를

밤은 하얀 눈처럼 산산조각으로 흩어져
봄의 에바강처럼
내 영혼을 깨웠네
마주르카는 키티하고 췄어야 했어
그날 그렇게 느닷없이, 사랑은 폭풍처럼 한순간에
파도처럼 쓸려나갔네
위험해 반칙이야 사람들이 소리쳤지만 내 귀엔 들리지 않았네
요란한 기적 소리에 갇혀

신이시여, 용서하소서

신이시여,
한순간 사랑을 택한 나의 생기를, 절망을

기차를 탔네
나는 상트페테르부르크로 돌아갔지만
기차는 멈추지 않았네
한 번 타면 돌아올 수 없는 기차를,
그때,
나는 알지 못했네

달빛이 내 마음을,
— 영화 《첨밀밀》을 보고

나는 자꾸 친구, 라고 우겼죠
비가 오고 추웠기 때문이라고

다른 사람에게 가라는 남자의 말은 나를 무너지게 해요
나는 당신을 사랑하지만
차마 갈 수가 없네요
달빛이 내 마음을 대신해요

달이 환하게 하늘에 걸리면
내 마음에도 못된 등불이 켜지고
초저녁별처럼 걸리고 싶었어요 당신 곁에
무엇이든 따뜻하게 데워주는 둥근 냄비를 걸고
비가 오고 추웠기 때문이라고
나는 친구, 라고 우겼지만
달빛이 내 마음을 대신해요

다른 사람에게 가라는 남자의 말은
나를 무너지게 해요

나는 당신을 기다리지만
차마 갈 수가 없네요
달빛이 내 마음을 대신해요

세상의 끝, 타스마니아
— 영화 《싱글라이더》를 보고

지하철을 혼자 타 봐,
어차피 혼자야, 인생은
하버브리지 건너 노스시드니를 걸어도
브리지번의 남쪽 해변의 비키니와 서핑하는 사람들 속에서도
서퍼스 파라다이스의 최고층 전망대에서
아름다운 골드코스트 전경을 바라봐도
어차피 혼자야, 인생은
넌 딴생각을 하고 있니

그때 니가 옆에 있었더라면
나는 너를 볼 수 있었을까
니가 오페라하우스로 오디션을 보러 갈 때
나는 니가 나 없는 삶을 꿈꾸는 줄 알았어
그때 니가 옆에 있었더라면
그랬으면,
나는 너를 볼 수도,

그 하찮은 일주일이 운명을 바꾸기도 하지
내 옆에 없는 일주일
이승과 저승이 건너갔어
나는 어디에 있는 걸까
너는 나를 볼 수도 없는데 나 혼자 너를 보는, 여기는
천국일까
사람이 죽으면 어디로 가는 걸까

나는 타스마니아에 있어
외딴섬 남태평양 그 푸른 바다에서 널,
그때 니가 옆에 있었더라면,

너는 나를 볼 수 있었을까

늙어도 슬픈 그대에게
— 영화 《아일라》를 보고

달빛 아래서 울고 있었다
겁에 질려
말을 잃은 까만 눈동자
너는 갓 태어난 새끼처럼 그의 팔을 꼭 붙들었지
한시도 곁을 떠나지 않았다
아일라
그렇게 하얀 달빛으로 쏟아졌던 너
어쩌다 그들은 헤어지게 됐을까
총을 쏘는 전쟁터에서도 함께였는데
이별은 잠시일 거라고
아주 잠깐 떨어지는 거라고
약속,
했었다

늙어간다는건 얼마나 슬픈 일인가
아일라
그 약속을 품고 늙는다는 건 또 얼마나 쓸쓸한 일인가
아일라

잊은 건 결코 아니었는데
태평양이 너무 넓어서였을까
촘촘한 이별 앞에서
아일라
얼마나 두려웠을까, 세상은
먼바다를 건너
머리가 하얘진 아일라
꼭 다시 오겠다던 약속은 백발이 되고
늙어도 슬픈 아일라
사랑하는 나의 아일라

이따금
— 영화 《가을의 전설》을 보고

그는 말을 타고 평원을 달려
바람처럼
사자 갈기처럼
머리칼이 흩어지지
평온함이란 있을 수 없다는 듯
들판에 황금빛 주단이 깔리고
붉은빛으로 숲이 물들면
말을 타고 거친 들판으로 달려나가
가슴속에 커다란 회색곰이 꿈틀거린다고
종종

끝없는 기다림
애초에 당신 눈을 보지 말았어야 했어
가끔은
안락한 정원을 꿈꾸기도 했지만
늘 당신을 원하는 나를 용서할 수 없어
그때
끝까지 기다렸다면 우린 행복해졌을까

먼바다에서
이름도 모를 국경에서
책에도 없는 짐승을 사냥한다는
돌아오지 않는 당신을,

때로
나는 말을 타고 달려나가지
당신 가슴속에 살고 있는 회색곰과 한판 승부
승자도 패자도 없는 이 싸움
철철 피를 흘리면서도
그래도,
나는 당신을 사랑했을까

작은 위로
— 영화 《나미야 잡화점》을 보고

나미야 씨
나의 사소한 말들이
누군가에게 특별할 수 있다니
자꾸 웃음이 나오네요
나는 그저 소소한 사람인데
누군가에게는 기적이 될 수도 있다는 것이

나미야 씨
삶의 특별한 비밀은 어떻게 해야 알게 될까요
그저 시간이 흘러 머리가 하얘지면
알게 될까요
지금은 후회투성이네요

나미야 씨
사람의 운명은 쉽게 바뀌는 게 아닐까요
지금은 편안함에 이르렀나요
그때의 그 선택이,
작은 겨자씨로 자라났나요

나미야 씨
꿈을 꾸어도 될까요
아직 늦지 않았는지
흔들리지 않고 지켜내는 용기를
어디서 구할 수 있을까요

오늘은 괜찮다 괜찮다
바람이 달래는 저녁입니다

프레디에게
— 영화《보헤미안 랩소디》를 보고

너의 잘못이 아니야
프레디
넌 무대에서 가장 빛나지
세상의 주인같이
처음 본 순간 알았어 그때
넌 뭐든지 될수 있다고
프레디
그때 우린 부둥켜안고 울음을 터뜨렸지
우리의 사랑은
현실이 될 순 없었지만
너의 잘못은 아니야 프레디
누구보다 니가 가장 힘들 거라는 걸
난 알고 있었어
떠도는 심장에 박히는 너의 절규
황제처럼 세상을 다 가졌을 때도
너는 혼자였지
너를 둘러싼 수많은 사람들
너는 왜 너를 사랑하지 못했을까

바람처럼, 떠도는 보헤미안
너는 총구를 겨눴지, 부서지고 피 흘리면서
마마,
나는 죽고 싶지 않아요
세상의 중심에서 비껴져 있던
부적응자를 향해 외치던
요동치는 심장 소리
너의 절규가 들려
쿵쿵거리는 고독한 목소리
온 세상에 울려 퍼지고 있어
너는 이제 혼자가 아니야
듣고 있니, 프레디

하얀 커튼
— 영화 《그린파파야 향기》를 보고

여보, 사이공 그 좁은 시장 골목을 지나
파파야 향기가 나는
무이를 만나러 가야겠네
파파야 알맹이를 만지던 그녀에게서 나던 파파야 향기
풀벌레를 보고 미소짓던 아름다운 그녀를 만나러
나는 사이공에 가야겠네
정성을 다하는 마음이 사랑이라고
가르쳐준 하얀 미소의 그녀를

여보, 드뷔시의 달빛이 창가에 내리면
무이가 정성스레 닦았던 은식기들이 반짝거리고
풀벌레들이 나와 합창을 하던
그 향기로운 창가로 가서
내 고단한 몸을 누이리

여보, 나도 그린파파야처럼 달콤하게 여물어
당신에게 가고 싶네
십 년을 간직한 마음을 담아

파파야 향기에 취해
찌르찌르 풀벌레 소리와 귀뚜라미와 사각거리는 하얀 커튼이
초록 물소리를 내는
그 뒤뜰에 가면
우리가 퍼 올렸던 우물물이 아직 남아 있을까

하얀 아오자이를 입은 순백의 무이를 만나러
나는 사이공에 가야겠네
그린파파야나무 아래 하얀 커튼이 잔물처럼 일렁이는
그 뒤뜰에 가면
우리가 사랑했던 기억이 돌아올까
여보,

아버지의 눈물
— 어느 스턴트맨의 고백

언제나 꾹 다문 무서운 얼굴
나는 아버지가 웃는 걸 본 적이 없었다
늘 주눅이 들었었고
아버지는 날 사랑하지 않는 거라고
좋아하지 않는 거라고
굳게 믿었던 헐렁한 날들
덩달아 나도 무표정하게 자라
군에 입대하기 전날 밤
그날도 말없이 저녁밥을 먹고 있었다
갑자기 어디선가 흐느끼는 소리
아, 아버지의 눈에서 굵은 눈물이
소금 같은 눈물이
가난한 밥상 위로 뚝뚝 떨어지고 있었다
그날 밤
누나와 우리 셋은 부둥켜안고
울었다 엉엉 울었다
그날 이후 나는 더는 주눅 들지 않았고
가난했지만 슬금 웃음을 물고

용감해져갔다
내 핏줄 가득 아버지의 사랑이 흘렀으므로
제대하기 바로 전 돌아가신 아버지
지금도 나는
날마다 아버지를 만난다
가난해서 해줄 게 없었던 아버지
정글 같은 이 세상에서
지금껏 죽지 않은 이유를
주고 가셨다

섬진강이 내 안에

한 번도 가보지 못한, 딱 한 번
하얀 재로 고향 땅에 뿌려지던,
살아서는 가지 못한 아버지
아버지 고향은 구례였다
무언가 이루려 무진 애쓰시던 아버지
빈손으로 털, 털 흙이 돼버린 아버지
큰딸은 울지도 않고
아들은 보이지도 않던, 그날의 덧없음으로
강이 흐른다
구례 임실 하동 봄 강물은 말없이,
찬란하다
더 가까이 가고 싶었지만
그 푸른 물빛이라니, 나는 차마 다가서지 못하고
강물만 빙긋이 웃는다
울지도 않던 딸을 반겨주듯
금빛 찬란한 봄빛에 푸른 강물이 널을 뛰고
그날의 눈물방울이,
찬란하다

어느 늦은 겨울 짧은 밤,

 앉을 때는 보이지 않았다 얼굴에 묻어나는 당혹스러움 알 수 없는 착잡함
 임산부는 내 딸인데 임산부 지정석에 앉아 나는 20대가 된다
 오래전부터 있었던 낯익은 간판들, 버스는 창경궁을 지나 혜화동 성대 앞 그리고 돈암동을 지난다 나의 짧았던 봄날들이 지난다 삼십 년이 훌쩍 저 너머 우울한 얼굴의 스무 살 내가 지나간다 보문시장, 바닥에 쪼그려 앉아 막걸리를 마셨던가 좌판에 앉아 80년대의 절망을 애기했던가 버스는 이윽고 신설동 로터리를 지난다 수도학원 아주 오래전부터 있었던 낯익은 자리 변함없이 자리를 지켜낸다는 건 얼마나 눈물겨운 일인지,
 알 수 없는, 알 수 없는, 버스는 점점 제기동에 가까워오고 이윽고 나는 다시 50대가 된다 우연히 앉았던 임산부 지정석 돈암동을 지나는 버스가 나를 아득히 꽃잎 문 스무 살로 데려다준 그 짧은 밤, 짧은 청춘,

 버스에서 내리니 발아래가 아득하다

흐린 공원에 저 혼자

물방울을 머리에 인 공원은
비를 맞고 있었다
느티나무 높은 가지 끝에서
조롱새가 무어라 말을 건네지만
분수는 저 혼자 하릴없이 한숨만 푸욱,
올라갔다 내려오는 놀이를 하지만
아무도 아는 체를 안 하고
흩어지는 가는 물방울
흩어지는 하얀 벚꽃잎
흙은 점점 분홍 꽃 그림자를 만들어
공원은 고요한 분홍과 초록이
싸울 새도 없이 적막했다
4월
피가 더워지는데
흐린 공원은 저 혼자 고요했다

팥죽

"팥죽 먹고 가자"
늘 바쁘다고 야박하게 시간을 재는 딸에게
엄마와 처음 그 팥죽집에 갔을 때
동네 한 귀퉁이 허름한 그 집은 사람들로 넘쳐났고
직접 팥을 갈아 만든 붉은 팥죽은
정말 맛이 있었습니다
"거봐라 이 집 팥죽이 제일이여"
엄마는 그렇게도 당당했는데
그해 가을을 넘기더니 덜컥
버석 마른 나무처럼 넘어졌습니다
영 영 그 좋아하는 팥죽도 못 먹고
엄마의 시간이 땅속에 묻혔습니다

종아리에 선선한 바람 불어와
나는 팥죽을 먹고 싶은데
나는
그 팥죽가게를 갈 수가 없습니다

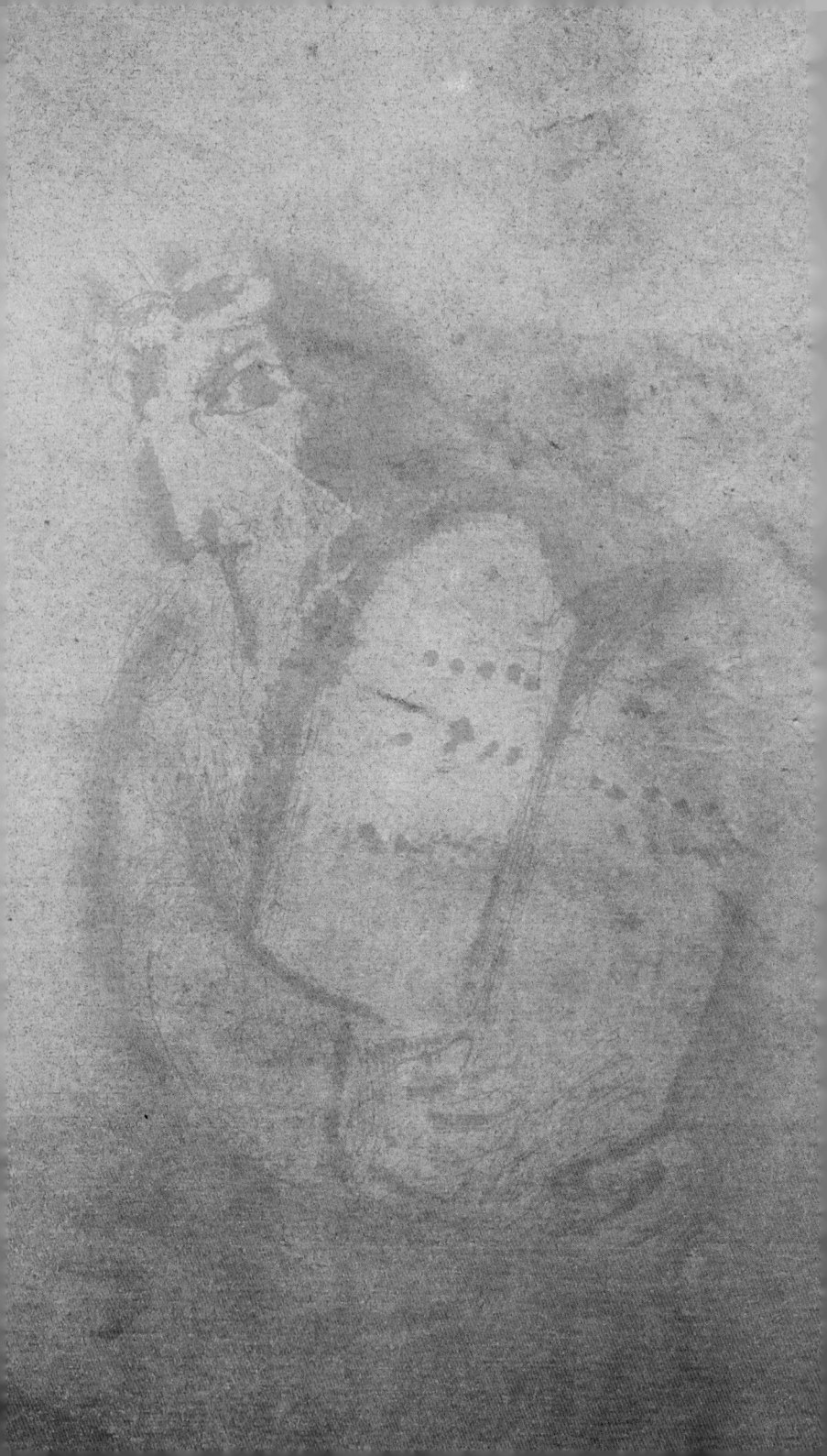

양희진의 시 세계

양희진의 시 세계

역동적 영상으로의 이미지와 시 영역 확장

유한근

1. 어머니 모티프와 인간 연민

양희진의 시를 처음 대하면 그의 시가 감각적임을 느낀다. 그 감각은 외로움과 그리움과 노마드적인 자유의지와 죽음에 이르기까지 신선하다. 그 자유로움은 기존의 고착된 정신과 절서 그리고 진부함에 대한 도전에서 시작된다. 그리고 급기야는 시적 자아의 발화법까지도 자유롭다고 추천사를 나는 쓴 바 있다. 그리고 첫 시집《접속》을 탐색하면서 "자아와 타자의 소통의 기미幾微에 대한 인식과 불통에 대한 시인적 극복 세계를 제시하려"하고 있음을 알 수 있었다. 그것은 사랑을 모티프로 하고 있는 시편 속에서 그리고 타자의 연민을 통해서 환상성과 창조성, 생명성을 증대시키고 소생시키는 자아의 확대 과정에서 나타남을 알 수 있었고, 인간의 치명적 감성인 연민은 시적 화자와 시적 대상이 되는 타자와 정서적으로나 인식적인 면에서 동일시되지 않으면 가능하지 않은 정서임을 시로써 입증하려 했음을 기억한다. 그의 제2시집을 읽으면서도 이러한 나의 담론이 유효함을 확인할 수 있었다.

또한 한편으로 시의 구원은 감성임을 이 시집에서도 새롭게 보여준다. 시는 정서적 감동으로 독자들에게 다가가야 함을 굳게 믿고 있으며, 그래서 인간의 원초적인 정서를 끌어내어 인간의 본체를 밝히는 정서로의 감동을 전언하는 문학임을 새삼스럽게 환기해준다. 양희진의 제2시집 《샤갈의 피안 없는 시간》에서 보여주고 있는 특징은 가족이나 친지에 대한 사랑을 모티프로 하고 있는 점과 영화의 감동을 모티프로 하고 있는 점, 그리고 시간과 공간에 대한 인식 등이 그것이다.

먼저 어머니에 대한 시인의 정서가 잘 드러난 〈보리굴비〉와 〈바보 엄마〉를 먼저 보자.

한 마리만 더 주라
살이 통통히 오른 굴비 앞에서
벌이는 실랑이
열 마리 중 다섯 마리씩
나누면 제법 생색인데

엄마는 늘 한 마리 더
달라 보챈다
굴비 좋아하는 엄마
나는 짐짓 샐쭉한 척 한 마리 더 담고
해마다 추석이면
웃음을 문 실랑이 익숙한 풍경인데
올해는
굴비 열 마리가
그대로 남아 있었다
해마다 추석이면
솔잎을 깔아 겉보리 항아리에 차곡차곡
놀러 나온 바람과 마실 나온 가을볕으로
보리 굴비 제일로 맛있다던 엄마

굴비를 나누다 주저앉는다
산에는 굴비가 없어 술 한 잔

배고픈 우리 엄마

— 시 〈보리 굴비〉 전문

위의 시 〈보리 굴비〉는 시적 화자의 "배고픈 우리 엄마"에 대한 사랑의 시이다. 부모와 자식 관계에서 본능적 혹은 동물적 탯줄 같은 연대감은 '먹이'로 연결된다. 특히 부모의 자식 사랑은 '먹이는 것'이라는 원초적 행위로 이루어진다. 이런 점에서 '보리 굴비'는 본능적 사랑을 표상하는 음식물이다. 시적 화자의 모녀간의 사랑을 상징한다.

'보리 굴비'는 위에서 보듯이 "솔잎을 깔아 겉보리 항아리에 차곡차곡/놀러 나온 바람과 마실 나온 가을볕"으로 말린 보리 굴비가 최상품이다. 그 음식을 좋아하던 엄마의 성묘에서 드리지 못하는 시인의 안타까움이 〈보리 굴비〉에는 잘 나타난다.

이런 성묘 행에서 양희진 시인은 또 한 편의 시를 쓴다. 그것이 〈바보 엄마〉인데, 이 시에서는 안타까움이나 슬픔을 동심으로 표현한다. 엄마의 묘지가 "양지바른 산등성이 사철나무 하나/휘 둘러보니 제법 다 보인다/외롭진 않겠다/겨울에도 푸른 잎 있으니/쓸쓸하진 않겠다/더러 나물하러 오는 사람/더러는 산을 오르는 사람/아이들의 체험학습장이 생겼으니/까르르 넘어가는 아이들의 웃음소리 산을 오르"니 엄마는 심심하지는 않겠지만, "어린 소나무 하나/그 옆에 키 작은 매화나무도 심는다/더는 외롭지 않겠지/더는 춥지 않겠지"라고 시적 화자는 생각한다. 그러나 "아직 다 자라지 않은 사철나무/어깨가 시려/자꾸만 뒤돌아"보면서, 양희진 시인은 "엄마가 없는 시간을 참 잘도 살아"내는 자신을 인식하고, "봐, 엄마가 손해잖아 바보 엄마"라고 독백한다. 죽음으로 인한 어머니의 부재를 애통함이나 슬픔으로 표현하지 않고, 그 부정적 심정을 긍정적인 동심으로 표현하고 있는 것은, 자식이 아무리 나이 먹어도 애기라고 생각하는 부모의 마음을 대변하는 것으로 보아도 좋을 것이다.

이런 맥락의 시들은 〈당신이 떠난 지 몇 해가 되었습니다〉, 〈양평 세월리 고개 너머〉, 〈팥죽〉 등이 있으며, 아버지의 노래 〈섬진강이 내 안에〉와 딸을 모티프로 한 시 〈사랑하는 딸에게〉 등이 있다.

2. 영화 모티프 시의 가능성 하나

영화와 문학의 학제간 연구가, 문학 쪽에서 본격적으로 이루어진 것은 20세기 영화전성시대에 문학이 폐기처분될 수 있다는 위기의식 속에서 전개되었다. 그리고 본격적인 연구는 30년 전 인터넷 네트워크 시대를 맞아 영상의 중요성이 강조되면서 관심을 갖게 되었다. 또한 1960년대 미국의 비평가 레슬리 피들러(Leslie A. Fiedler)가 "영상시대에 문학이 살아남기 위해서는 과감히 스크린과 제휴해야 한다"고 주장하면서, 문학이 영상매체와 경쟁하기 위해서는 우선 '고답적이고 귀족적인 패각'에서 벗어나, 영상매체가 갖고 있는 대중문화적 요소들을 적극 수용해야 한다는 의식을 갖게 되었다. 이로 인해 인터넷을 인용한 이른바 '영상시'가 제작되어 인쇄매체가 아닌 영상매체를 통해 컴퓨터상에서 영상으로 구현되었다.

  그리고 한편으로는 영상시라는 이름으로 영화를 모티프로 한 시들이 몇몇 시인들에 의해서 발표되기도 하였다. 그러나 본격적으로 영화를 모티프로 한 시들은 발표되지 않은 것으로 알고 있다. 영화를 모티프 하되 영화를 보고 느낀 감동을 모티프로 하여 쓴 시는 없었던 것으로 보인다. 그러나 양희진은 영화의 감동을 모티프로 하여 새로운 시를 썼다. 그 하나의 예가 양희진의 시 〈나의 절망을, ─영화《안나 카레니나》를 보고〉이다.

    철길은 위험해
    아차 하는 한순간에
    눈 내리는 모스크바 기차역에서
    오직 한 곳으로만 달리는 기차를
    기차를 탔네
    돌아오지 않는 기차를

    밤은 하얀 눈처럼 산산조각으로 흩어져
    봄의 에바강처럼
    내 영혼을 깨웠네

마주르카는 키티하고 췄어야 했어
그날 그렇게 느닷없이, 사랑은 폭풍처럼 한순간에
파도처럼 쓸려나갔네
위험해 반칙이야 사람들이 소리쳤지만 내 귀엔 들리지 않았네
요란한 기적 소리에 갇혀

신이시여, 용서하소서
신이시여,
한순간 사랑을 택한 나의 생기를, 절망을

기차를 탔네
나는 상트페테르부르크로 돌아갔지만
기차는 멈추지 않았네
한 번 타면 돌아올 수 없는 기차를,
그때,
나는 알지 못했네
— 시 〈나의 절망을, —영화《안나 카레니나》를 보고〉 전문

이 시의 창작 계기는 영화《안나 카레니나》의 영상이고, 톨스토이의 소설 〈안나 카레니나〉이다. 소설 〈안나 카레니나〉는 비비안 리, 소피 마르소, 키아라 마이틀리 등 당대의 톱스타들이 주연한 영화로 리메이크되어 촬영되었

다. 소설 〈안나 카레니나〉는 안나 카레니나를 중심으로 한 사랑과 욕망 그리고 절망을 그린 톨스토이의 3대 가족소설의 하나로 여자의 좌초된 삶을 그린 소설이다.

그러나 영화를 보고 창작된 시는 위의 양희진 시인의 〈나의 절망을, ―영화 《안나 카레니나》를 보고〉이다. 이 시에서의 '나'는 시인 자신일 수도 있지만, 그보다는 시적 화자에 투영된 '안나 카레니나'이다. 이 시의 공간적 배경은 모스크바 기차역과 눈, 철로, 그리고 상트페테르부르크, 그리고 에바강이다. 이를 배경으로 해서 시적 자아인 '나'는 소설, 영화의 스토리를 배경 지식으로 하여 사랑과 절망을 노래한다. 위 시의 한 구절인 "한순간 사랑을 택한 나의 생기를, 절망을" 노래한다. 특히 '한순간 사랑을 택한 생기'에 주목한다.

삶이란 철로를 달리는 기차로 비유된다. 이는 시간을 표상하는 이미지이기도 하지만, 세월의 흐름을 표상하기도 한다. 그 기차는 모스크바역으로는 돌아오지 않는 기차이다. 상트페테르부르크에서는 "한 번 타면 돌아올 수 없는 기차"이며, 멈추지 않는 기차이다. 그 기차를 '나'는 탄다. "밤은 하얀 눈처럼 산산조각으로 흩어져/봄의 에바강처럼/내 영혼을 깨"운다. "사랑은 폭풍처럼 한순간에/파도처럼 쓸려나"가는 법임을 깨닫게 된다. "위험해 반칙이야 사람들이 소리쳤지만 내 귀엔 들리지 않았"던 그 사랑이 '나'

에게는 '생기'였지만, 절망이었음을 깨닫게 된다. 그러나 한 번 탄 열차는 돌아오지 못한다. 그것을 시적 화자는 비극지로 인식한다. 이러한 인식은 영화 보기를 통해서만 얻어질 수 있는 것이 아니라, 시인의 러시아 여행 체험을 통해서 얻어진 정서이다.

  이런 맥락에서 영화 《싱글라이더》를 보고 쓴 시 〈세상의 끝, 타스마니아〉도 보아야 할 것이다. 이것은 호주 여행의 체험이 영화 《싱글라이더》 보기에 투영될 수 있다는 의미이다. 이 시는 기차와는 다른 교통수단인 '싱글라이더'를 타고 '세상의 끝, 타스마니아'로 간다. 이 영화는 이병헌과 공효진 주연, 이주영 감독 영화로 안정된 직장을 다니던 한 사내의 좌초한 삶의 서사를 그린 영화이다. 그러나 이러한 영화를 염두에 두지 않고 시를 읽을 때, 그 영화와는 관계없는 서사나 이미지를 상상할 수도 있다.

  지하철을 혼자 타 봐,
  어차피 혼자야, 인생은
  하버브리지 건너 노스시드니를 걸어도
  브리지번의 남쪽 해변의 비키니와 서핑하는 사람들 속에서도
  서퍼스 파라다이스의 최고층 전망대에서
  아름다운 골드코스트 전경을 바라봐도

어차피 혼자야, 인생은
넌 딴생각을 하고 있니

그때 니가 옆에 있었더라면
나는 너를 볼 수 있었을까
니가 오페라하우스로 오디션을 보러 갈 때
나는 니가 나 없는 삶을 꿈꾸는 줄 알았어
그때 니가 옆에 있었더라면
그랬으면,
나는 너를 볼 수도,

그 하찮은 일주일이 운명을 바꾸기도 하지
내 옆에 없는 일주일
이승과 저승이 건너갔어
나는 어디에 있는 걸까
너는 나를 볼 수도 없는데 나 혼자 너를 보는, 여기는
천국일까
사람이 죽으면 어디로 가는 걸까

나는 타스마니아에 있어
외딴섬 남태평양 그 푸른 바다에서 널,
그때 니가 옆에 있었더라면,

너는 나를 볼 수 있었을까
—시 〈세상의 끝, 타스마니아 —영화 《싱글라이더》를 보고〉 전문

시 〈세상의 끝, 타스마니아〉에서의 타스마니아Tasmania는 호주의 동남부에 위치한 빅토리아Victoria 바로 남쪽에 있는 큰 섬이다. 이곳은 호주에서 가장 추운 곳이라 한다. 이곳은 양질의 포도와 와인의 생산지라 한다. 그곳을 시인은 '세상의 끝'으로 인식한다. 이를 통해서 볼 때 이 시의 공간적 배경은 호주이다. 하버브리지, 노스시드니, 브리지번의 남쪽 해변, 서퍼스 파라다이스의 최고층 전망대, 골드코스트, 오페라하우스, 그리고 타스마니아 등이다. 이 공간에서 시적 자아는 "어차피 혼자야, 인생은", "그때 니가 옆에 있었더라면/나는 너를 볼 수 있었을까", "나는 니가 나 없는 삶을 꿈꾸는 줄 알았어/그때 니가 옆에 있었더라면/그랬으면,/나는 너를 볼 수도" 없다고 인식한다. 그리고 한편으로는 "그 하찮은 일주일이 운명을 바꾸기도 하지/내 옆에 없는 일주일/이승과 저승이 건너갔어/나는 어디에 있는 걸까/너는 나를 볼 수도 없는데 나 혼자 너를 보는, 여기는/천국일까//사람이 죽으면 어디로 가는 걸까"라고 깊은 사유를 하게 된다. 시적 자아인 '나'의 상대역인 '니'가 없다면 죽음까지도 선험할 수 있다. 그리고 그것이 "천국일까"를 회의한다. 세상의 끝에 가서도, 맛있는 포도와 와인이 있는 타스마니아에서도 '니'가 없다면 천국일까를 되묻는다.

　이렇게 이 시를 이해하면, 이 시는 사랑의 시이다. 그러나 여기에서 주목해야 할 부분은 이 시의 두 번째 행인 "어차피 혼자야, 인생은"이라는 부분이다. 단독자일 수밖에 없는 인간에 대한 철학적 인식과 다르지 않다.

 이런 맥락의 영화를 모티프로 하는 시는 위에서 살펴본 2편의 시 외에 8편이다. 〈프레디에게 ―영화《보헤미안 랩소디》를 보고〉, 〈이따금 ―영화《가을의 전설》을 보고〉, 〈늙어도 슬픈 그대에게 - 영화《아일라》를 보고〉, 〈그리하여 어느 날, - 영화《브로크백 마운틴》을 보고〉, 〈그럴 때는, - 영화《패터슨》을 보고〉, 〈아버지의 눈물 ―어느 스턴트맨의 고백〉, 〈작은 위로 ―영화《나미야 잡화점》을 보고〉, 〈하얀 커튼 ―영화《그린파파야 향기》를 보고〉 등이다.

 이러한 노력은 시적 이미지를 역동적으로 한다는 점과 스토리텔러적 요소를 가미하여 한국시의 영역을 확대시킨다는 점에서 계속되어야 할 것이다.

3. 공간과 시간의 깊은 인식과 이미지

 양희진 시인은 앞서 영화를 모티프로 한 두 편의 시에서 공간 인식을 보여주었다. 그러나 그의 많은 시에는 시간 혹은 계절에 대한 특별한 인식을 보여줌으로 해서 자신의 시세계를 구축한다. 이런 맥락의 시는 〈11월엔〉, 〈그해 10

월,〉 그리고 〈4월의 편지〉, 〈6월의 숲〉, 〈12월의 첫날〉 등과 같이 월月을 직접적으로 제시한 시와 계절을 시사하는 언어로 제목을 지은 시들이 다수이다.

① 초승달이었지,
물속에 빠져 차마 건져낼 수 없는 건
무엇이었을까
무섭기도 했어 발밑은 뜨거운데
너무 맑아서 내 속이 다 보였거든
대나무 울타리가 쳐진 비밀스런 탕
얼핏 무엇이 보였던가 아직 늙지 않은 내 기억 속에서
아직도 저 깊은 곳
부글부글 욕망이 끓어대고
대나무 이파리가 간간이 부스러진 정염을 건져내던
그
뜨거웠던 큐슈
그해 10월,

—시 〈그해 10월,〉 전문

② 11월은 모든 것이 떨어진다
바람이 떨어져
노란 잎들이 우수수
휩쓸리면서 간다

모든 쇠잔한 것들은
휩쓸리면서 운다
언젠가 그대가 주고 간 노란 금잔화는
내 손에서 아직 웃고 있는데

11월엔 지는 해도 쓸쓸하다
그대여
11월엔 서글퍼하지 말자
어제,
한 사내가 갔다
뚜벅뚜벅
늦가을 속으로 들어간 사내는
가는 듯
돌아오지 않을까

—시 〈11월엔〉 전문

　위의 ①②의 시는 가을이라는 절기를 시간적 배경으로 한 시들이다. 이 두 편의 시를 관통하는 이미지는 하강 이미지이다. ①의 "물속에 빠져 차마 건져낼 수 없는 건/무엇이었을까/무섭기도 했어 발밑은 뜨거운데"가 그것이고, ②의 "11월은 모든 것이 떨어진다/바람이 떨어져/노란 잎이 우수수/휩쓸리면서 간다/모든 쇠잔한 것들은/휩쓸리면서 운다"(1연)와 "11월엔 지는 해도 쓸쓸하다/그대여/11월엔 서글퍼하지 말자"(2연)가 그것이다. 11월의 몰락과 쇠락, 그리고 그 서글픔의 이미지를 ①에서는 물속으로 침잠하는 것, ②에서는 떨어지는 낙엽과 쓸쓸하게 지는 석양 이미지로 표현하고 있는 것이 그것이다.

그러나 시적 화자는 이들 시에서 상승 이미지로 균형을 맞춘다. ①의 "얼핏 무엇이 보였던가 아직 늙지 않은 내 기억 속에서/아직도 저 깊은 곳 부글부글 욕망이 끓어대고/대나무 이파리가 간간이 부스러진 정염을 건져내던"이 그것인데, 이는 물속에 빠져 건져낼 수 없는 것을 '늙지 않은 기억'과 끓어오르는 욕망과 부스러진 정염으로 인식하는 것이다. 그리고 ②에서는 저물어가는 11월 "뚜벅뚜벅/늦가을 속으로 들어간 사내는/가는 듯/돌아오지 않을까"라고 노래하고 있는 것이 그것이다.

한편, "어 림 없 다"라는 끝 행이 돋보이는 시 〈만추, 나는 그곳에 서 있었다〉에서도 이러한 긍정적인 상승 이미지가 함유되어 있다.

    네가 없는 풍경에
    내가 익숙해져 갈 무렵
    나는 그곳에 서 있었다
    몇 번 마주쳤던가
    이젠 기억도 희미해질 무렵

낙엽들이 남김없이 덮어버렸다 샛노랗게
노란 잎은 싹을 틔울 수 없지
붉은 체념만 쌓일 뿐
기억은 하얗게 살아났다
적어도 그가 나타나기 전까진
반짝 비치는 햇살에
갑자기,
나타난 고양이
호수 건너편 샛노란 언덕 위를
느릿느릿 걷고 있다
무슨 말을 하려던 걸까
아,
나는
샛노란 낙엽만큼도
어 림 없 다

— 시 〈만추, 나는 그곳에 서 있었다〉 전문

  이 시에서 "어 림 없 다"고 발화하는 존재는 시적 화자인 '나'이며 "샛노란 낙엽"이다. 이 '샛노란 낙엽'을 양희진 시인은 "어 림 없 다"는 고양이의 도도함으로 인식하고 있다. 시인은 만추를 도도함으로, 자존으로 느끼고 있는 것이다. "노란 잎은 싹을 틔울 수 없"고 "붉은 체념만 쌓일 뿐"인데도 "기억은 하얗게 살아"나고, "반짝 비치는 햇살에/갑자기, 나타난 고양이/호수 건너편 샛노란 언덕 위를/느릿느릿 걷고 있"는 그 풍경, 그 속에 서 있는 시적 자아는 샛노란 만추의 낙엽처럼 꼿꼿하다. 이렇게 늦가을이라는 시간과 샛노랑이라는 색채 이미지의 인식은 시적 자아의 존재에 대한 특별한 인식 때문이다. 하이데거는 미완성의 《존재와 시간》에서 현존재를 시간성의 관점에서 해석했다. 시간을 존재에 대한 물음의 초월론적 지평으로서 해석하려 했다. 시인의 시간에 대한 인식은 그 시인의 세계관을 엿보게 하는 하나의 축이다.

  양희진 시인은 시 〈사라지는 것은 시간이 아니다〉라는 시 끝 구절에서 "봄은 잠시 머물다 가는 것/사라지는 것은 시간이 아니다"라고 노래한다. 봄처럼 잠시 머물다가 갔다가 다시 때가 되면 돌아오는 것이 시간일지도 모른다는 인식이 그것이다.

    그 사내를 보았다
    명절이면 서울역 대합실에서
    혼자 차를 마시는 남자를

    그저 무심히 낡아가는 세월을
    천연天然히 부는 바람과
    그리 쉽게 지는 꽃들을

적멸寂滅을 응시하는 남자를
그 구부러진 등을, 보았다
혼자 있는 모든 것은
쓸쓸한 일이다
산이 울고 있다는 것을 알아버린
새까만 눈망울의 소년

오늘도 바람은 무심히 불고
꽃은 그리도 쉽게 지는 것을
그 쓸쓸한, 불꽃을
아직도 품고 있는 그 사내를
보았다

봄은 잠시 머물다 가는 것
사라지는 것은 시간이 아니다
    — 시 〈사라지는 것은 시간이 아니다〉 전문

 이 시의 시적 대상은 "명절이면 서울역 대합실에서/혼자 차를 마시는 남자"이다. 그 남자는 "그저 무심히 낡아가는 세월을/천연天然히 부는 바람과/그리 쉽게 지는 꽃들을/적멸寂滅을 응시하는 남자"이다. "무심히 낡아가는 세월"이라는 시간은 그 사람을 바라보는 시적 화자의 시간 의식이지만, 생긴 그대로 조금도 꾸밈이 없다는 의미의 천연天然

과 죽음, 열반이라는 의미의 "적멸寂滅을 응시하는" 남자의 시간이다. 그 남자가 인식하는 시간은 천연한 적멸의 시간인 것이다. 그가 관조하는 시간은 모든 욕망을 내려놓은 열반의 시간이다. 그런 시간의 존재인 남자는 "구부러진 등"으로 "혼자 있는 모든 것은/쓸쓸한 일"임을 인식하게 하고, "산이 울고 있다는 것을 알아버린/새카만 눈망울의 소년"과도 같은 남자이다. 그러나 그 사내는 "오늘도 바람은 무심히 불고/꽃은 그리도 쉽게 지는 것을 그 쓸쓸한, 불꽃을/아직도 품고 있는" 남자이다. 이 사내를 통해 시적 화자는 이 시의 끝 구절인 "봄은 잠시 머물다 가는 것//사라지는 것은 시간이"라는 깊은 사유를 얻게 된다. 이 부분이 그 사내에 투영된 시인의 인식이다.

4. 감성적 이미지의 묘사시

앞서 언급한 것처럼 양희진 시인은 감성의 서정시인이다. 이번 시집을 일별하면 양희진 시의 또 다른 특징으로 서정성이 짙은 점을 들 수 있을 것이다. 그의 서정성은 앞의 시 〈사라지는 것은 시간이 아니다〉에서처럼 시적 대상과의 조응을 통한 공감대를 형성하는 데에서 나타난다. 또한 자신의 내면 깊숙이 은폐되어 있는 정서를 표출해낼 때

나타난다. 그 하나의 예시例詩가 〈밤의 소리〉이다.

  누군가 부르는 소리 있어
  슬며시 잠이 깬 새벽
  등불이 걸린 듯 창가가 환하다
  무슨 말을 하려고 이리 내려왔을까
  그대는 멈칫멈칫 웃기만 할 뿐
  잠을 깨워놓고 그저 창가에 둥싯, 말이 없다
  긴 장대에 걸린
  하얀 꿈

  누군가 부르는 소리 있어
  살며시 눈을 뜬 새벽
  새벽을 쓰는 그대의 비질 소리
  반가워라
  까만 밤을 건너와 나를 일으켜 세우는
  그대
  이슬을 밟고 온 차운 발소리로
  못다 한 얘기를 한다
  투정을 한다
  아침이 오면 물안개처럼 사라지고 말
  이별
  아침이 오면 만날 수 없는 우리는
  속절없이,

안부를 묻는다

아직 내 꿈을 밟지 않는 그대여

— 시 〈밤의 소리〉 전문

    이 시는 2연으로 구조되어 있다. 연의 첫 행에서 "누군가 부르는 소리 있어"를 반복해서 시작한다. 그 소리는 '밤의 소리'이다. 꿈에서의 소리이고 그대의 소리이다. 그 소리의 정체는 "긴 장대에 걸린 하얀 꿈"(1연)이며, "새벽을 쓰는 그대의 비질 소리", "이슬을 밟고 온 차운 발소리", "안부를 묻는 내 꿈을 밟지 않는 그대"(2연)의 소리이다. 시각적 이미지와 청각적 이미지, 그리고 관념적 이미지로 '밤의 소리'를 표현한다. 그러나 이 시를 이해하는 관건은 '그대'의 정체이다. 멈칫멈칫 웃기만 하는 존재, 새벽을 빗질하는 그대, 이슬 밟고 와 못다 한 얘기 때문에 투정하는 그대, 내 꿈을 밟지 않고 속절없이 안부를 묻는 그대이다. 이렇게 은유적으로 표현된 의미를 해명하려면 우선 "긴 장대에 걸린 하얀 꿈"을 이해해야 할 것이다. '하얀 꿈'은 순백의 꿈이다. 밝게 빛나는 꿈이고, 무엇도 담을 수 있는 꿈이다. 그렇다고 할 때, '긴 장대에 걸린 하얀 꿈'은 높이 걸린 최상의 꿈이다. 그 꿈의 소리가 밤의 소리이기도 하다. 그리고 그대는 특정한 사람이라기보다는 밤의 소리, 순백의 소리라 볼 수 있을 것이다. 그런 점에서 '그대'는 순백의 그대이고, '밤의 소리'와 같은 그대인 셈이다.

> 우리는 각 일 병을 마시고
> 발을 담갔다
> 낮술은 취하지 않다 했던가
> 또 한 병을 마시고
> 발을 담갔다
> 차가운 발을 닦고 평상에 돌아앉아 또 한 병
> 조금씩 취해가는 저녁놀
> 발을 담그면 다시 아홉 살
> 햇볕이 기울어진 평상은
> 그리움이 한창이었지만
> 낮술은 취하지 않았고
> 아직 해는 중천에 떠 있고,
>
> 꺼이꺼이 또 한 병을 비워냈다
>
> ― 시 〈중천中天〉 전문

위의 시 〈중천中天〉은 위에 예시한 시에서 보듯이, 낮술과 취해가는 저녁놀과 기울어진 평상과 그리움, 그리고 아직도 중천에 떠 있는 해라는 이미지를 통해 시적 화자의 심경을 그린 시이다. 이 시의 독자적인 이미지와 서사는

"또 한 병을 마시고/밤을 담갔다/차가운 발을 닦고 평상에 돌아앉아 또 한 병/조금씩 취해가는 저녁놀/발을 담그면 다시 아홉 살"이라는 부분이다. 이 부분은 개인적인 서사를 이미지로 형상한 것임으로 정확히 알 수는 없지만, 이 시의 중심 이미지인 "조금씩 취해가는 저녁놀", "햇볕이 기울어진 평상"이라는 시간적 개념을 통한 자기 존재를 새롭게 인식하는 시로 보아도 좋을 것이다. 시적 자아의 그리움은 낮술로서 취하지 않고 중천에 떠 있는 해처럼 또렷하다는 인식은 신선하다.

중년의 사내
낙엽 한 장으로
구겨진 채
다 늦은 저녁
화사한 차림의 여인이
다가오자
배시시 일어나
손잡고 걸어간다
사내
푸른 청년의 등짝처럼 확 펴져서는
밤이 몰려오는 공원 밖으로 사라진다

벗어놓은 남루한 허물들이

일제히 기지개를 켠다
　　　　　　　　　　　　── 시 〈연애의 힘〉 전문

　시 〈연애의 힘〉은 묘사시이다. 중년의 사내와 화사한 차림의 여인과의 만남을 시적 화자는 관조하고 있는 시이다. 이 관조는 시적 대상과는 관계없이 화자의 내면에 투영된 정서의 표출이다. 구겨진 낙엽과도 같은 중년의 사내가 화사한 여인을 만남으로써 "푸른 청년의 등짝처럼 확 펴"지는 현상을 시적 화자는 "벗어놓은 남루한 허물들이/일제히 기지개를 켠다"라고 표현함으로써 역동적인 변혁을 주는 '연애의 힘'으로 표현한다. 구겨진 사내가 여인으로 해서 남루한 허물을 벗게 하는 힘을 시인은 연애의 힘으로 인식하고 있는 것이다. 여성중심적인 발상일 수도 있지만, 이를 확대해석해서 페미니즘적이라고는 단언할 수는 없을 것이다. 그러나 그러한 발상은 상대적이라는 점에서 그 가능성이 열려 있다고 볼 수 있을 것이다. 이렇듯 양희진 시인은 시적 대상을 관조하며 그것을 자기에 투영시킴으로써 서정시의 새 영역으로 확대한다.
　나는 이 글의 서두에서 양희진의 시는 감각적 감성을 지니고 있다고 말한 바 있다. 그 감각은 외로움과 그리움과 노마드적인 자유의지와 죽음에 이르기까지 신선하다고 말했으며, 그 자유로움은 기존의 고착된 정신과 질서 그리고 진부함에 대한 도전이라고 판단했다. 그리고 "자아와 타자의 소통의 기미幾微에 대한 인식과 불통에 대한 시인적 극복 세계를 제시하려"하고 있음을, 사랑을 모티프로 하고 있는 시편 속에서 그리고 타자의 연민을 통해서 환상성과 창조성, 생명성을 증대시키고 소생시키는 자아의 확대 과정에서 나타나며, 인간의 치명적인 감성인 연민은 시적 화자와 시적 대상이 되는 타자와 정서적으로나 인식적인 면에서 동일시되지 않으면 가능하지 않은 정서임을 시로써 입증하려 함을 역설하기도 했다. 그리고 그의 제2시집에서도 이러한 담론이 유효함을 말하기도 했다. 이러한 그의 시적 노력은 시의 구원을 감성으로 혹은 정서적 감동으로 독자들에게 다가가려는 것이라 말하기도 했다.

그리고 양희진의 제2시집 《샤갈의 피안 없는 시간》에서 보여주고 있는 특징은 가족이나 친지에 대한 사랑을 모티프로 하고 있는 점과 영화의 감동을 모티프로 하고 있는 점, 그리고 시간과 공간에 대한 인식을 새로운 감각적 이미지로 시작하여 관념적 이미지로 형상화하여 자신의 존재를 확장하고 있음을 역설했다. 이러한 그의 시적 노력이 시인으로서의 가치를 증폭시킨다는 점에서 주목된다. (문학평론가)